„Mein Daumenkino"

Robert Hübner

„Mein Daumenkino"

Trotz totaler Lähmung leben

Matthias-Grünewald-Verlag · Mainz

Der Matthias-Grünewald-Verlag ist Mitglied
der Verlagsgruppe engagement

Die Deutsche Bibliothek – CIP-Einheitsaufnahme
Hübner, Robert:
„Mein Daumenkino" : trotz totaler Lähmung leben / Robert Hübner. –
Mainz : Matthias-Grünewald-Verl., 1995
  ISBN 3-7867-1884-9

Umschlag: Harun Kloppe, Mainz
Foto: Ralph Orlowski, Rüsselsheim
Satz: Studio für Fotosatz und DTP, Ingelheim
Druck und Bindung: Wagner, Nördlingen

ISBN 3-7867-1884-9

Inhalt

Einleitung

Das Jahr 1990 war gewiß für zahllose Menschen unseres Landes ein Jahr der Hoffnung auf eine bessere Zukunft in Frieden und Freiheit. Ich bin mir absolut sicher, wäre von einem Publizisten nur wenige Jahre zuvor die These aufgestellt worden: „Die Wiedervereinigung Deutschlands findet noch vor Ablauf dieses Jahrzehnts statt", hätte ihn die breite Öffentlichkeit als wirklichkeitsfremden Träumer bezeichnet, der fernab jeder Realität in einem Wolkenkuckucksheim lebt.

Doch innerhalb kürzester Frist geschah das Unwahrscheinliche: Ermutigt durch die Liberalisierungsbestrebungen eines Michail Gorbatschow in der Sowjetunion, zwangen die Menschen im „anderen Deutschland" die kommunistischen Machthaber auf friedlichem Weg zum Abdanken, und die DDR schloß sich ohne viel Federlesen der Bundesrepublik an.

Der Einigungsprozeß lief zwar nicht erwartungs- und wunschgemäß ab. Zahlreiche marode Unternehmen in den neu hinzugekommenen Bundesländern mußten stillgelegt werden, und dadurch ging natürlich eine große Anzahl von Arbeitsplätzen verloren. Außerdem gab es durch die Eigentumsansprüche ehemaliger DDR Bürger viel böses Blut, die Kriminalität stieg drastisch an und und und. Mit einem Satz gesagt, den Menschen dort, denen der Bundeskanzler „blühende Landschaften" prognostiziert hatte, blieb ihr Schlachtruf: „Deutschland einig Vaterland" förmlich im Halse stecken.

Erschwerend kam zu Beginn der neunziger Jahre noch eine beträchtliche und lange anhaltende Rezession hinzu. Diese hatte ebenfalls Betriebsstillegungen in erheblichem Umfang und daraus resultierende Massenarbeitslosigkeit mit all ihren unangenehmen Begleiterscheinungen zur Folge. Doch sei es wie es wolle, den Betroffenen blieb immerhin noch die Hoffnung, es würde sich früher oder später alles zum Guten wenden.

Für mich jedoch – und damit selbstverständlich auch in vielerlei Hinsicht für meine Ehefrau Karin – brachte dieses Jahr einen drastischen und unumkehrbaren Wandel unserer bislang recht guten Lebensbedingungen mit sich. 1990 wurde – wie sagt man so schön – zum Schicksalsjahr für uns. In einem Augenblick wurden alle unsere Hoffnungen und Träume durch eine geradezu pervers grausame Realität zerstört. Sie zerplatzten quasi wie buntschillernde Seifenblasen – einfach so. Ende April erlitt ich während eines Kurzurlaubes bei Berlin einen Pons-Infarkt[1]. Im wahrsten Sinne des Wortes schlagartig wurde aus einem gesunden, recht vitalen Mann von 43 Jahren ein hilfloses Bündel, das unbedingt und in jeder Beziehung auf die Hilfe anderer Menschen angewiesen ist.

Ohnmächtig mußte ich mitansehen, wie nach und nach immer mehr von dem zugrunde ging, was ehemals wichtig für uns beide gewesen war. Es wurde zeitweise schon außerordentlich schwierig, dem Leben überhaupt noch positive Seiten abzugewinnen.

Wir bemühten uns zwar sehr darum – nachdem ich im Juni 1992 aus der Rehaklinik nach Hause zurückgekehrt war –, wieder ein halbwegs normales Familienleben zu führen, doch es schien so, als würden

---

[1] Pons: lat. die Brücke; ein Querwulst des Hinterhirns an der Gehirnbasis. Schaltstelle auf- und absteigender Nervenbahnen (darunter unter anderem zum Kleinhirn führende Bahnen).

sich beständig zusätzliche Probleme vor uns auftürmen. Hatten wir bisher relativ sorgenfrei gelebt, so waren neuerdings Zeiten ohne große Hindernisse ziemlich rar geworden.

Da ich gerade von Hindernissen rede: Plötzlich waren für mich ganz alltägliche Dinge, die ich vorher kaum registriert hatte – wie beispielsweise ein paar Stufen, ein abgeschrägter Bürgersteig, ein etwas engerer Durchgang und eine hohe Bordsteinkante – zu fast unüberwindlichen Barrieren geworden. Es schien mir manchmal so, als hätte sich meine Umwelt völlig verändert.

Auch das Wort Spontanität durfte ich künftig getrost aus meinem Sprachschatz streichen. Beinahe alle Unternehmungen, an denen ich beteiligt war, mußten fortan genauestens im voraus bedacht und geplant werden.

Andererseits möchte ich hier nicht nur schwarzmalen und alles von der negativen Seite her aufzeigen. Zum Jammern habe ich – wenn ich mir so durch den Kopf gehen lasse, was wir in den vergangenen Jahren an Leid mit ansehen mußten – immer noch keine allzugroße Berechtigung.

Natürlich war und ist es nicht einfach für uns, mit den neuen Gegebenheiten fertig zu werden. Dennoch, so schlimm wie unsere Situation einem Außenstehenden auf den ersten Blick erscheinen mag, ist sie dank einiger Umstände immer noch nicht.

Das Wichtigste ist für mich persönlich, daß mein Verstand noch wie gewohnt funktioniert und daß die Familie sich fabelhaft verhält. Dazu kommt noch, daß ich gegenwärtig überwiegend schmerzfrei bin[2], mit meinem Daumen Computer und Lesegerät bedienen

---

2 Hoffentlich bleibt das auch so.

kann und auch durch meinen Elektrorolli wenigstens eingeschränkt mobil geblieben bin.

Letztendlich möchte ich auch noch feststellen, daß mich die vergangenen Monate recht bescheiden gemacht haben und daß ich mich innerlich mit der neuen Lage einigermaßen arrangiert habe, was allerdings sehr lange gedauert hat.

Ursachenforschung

Es ist wohl relativ sinnlos darüber nachzudenken, wo die Ursachen für die plötzliche Erkrankung liegen könnten, trotzdem möchte ich es einmal versuchen.

Risikofaktor Bluthochdruck? – Negativ; soweit mir bekannt ist, befand sich mein Blutdruck immer im Normalbereich.

Cholesterinwerte? – Nach den Worten meines Hausarztes waren sie ausgezeichnet.

Das Rauchen hatte ich circa sechs Jahre zuvor meiner Gesundheit zuliebe aus freien Stücken eingestellt.

Etwas übergewichtig war ich allerdings, doch hielt sich mein Körpergewicht, wie ich meine, mit durchschnittlich 92 Kilogramm bei 186 cm Größe, noch im Rahmen des Erlaubten.

Hatte es eventuell etwas mit meiner Bindegewebsschwäche und der daraus resultierenden Neigung zu Krampfadern zu tun? Ein halbes Jahr vorher hatte ich mich doch, um Komplikationen zu vermeiden, auf anraten meines Hausarztes, einer Operation unterzogen und mir die unschönen Dinger an beiden Beinen soweit wie möglich operativ entfernen lassen.

Bestand am Ende gar ein direkter Zusammenhang zwischen Operation und Schlaganfall? Meine Vermutungen gingen jedenfalls eine zeitlang sehr intensiv in diese Richtung. Ich nahm an, daß sich . bei dem Eingriff irgendwo im Operationsbereich ein Blutgerinnsel gebildet hatte, das sich zu jenem Zeitpunkt eben in Bewegung setzte und den Infarkt ausgelöst hat. Später mußte ich mich allerdings belehren lassen, daß dies unmöglich sei, da sich das Gehirn in einem anderen Blutkreislauf befinde.

Paradoxerweise hatte ich mich auch noch im Februar 89 zum erstenmal in meinem Leben einer Generaluntersuchung unterzogen, mit dem Ergebnis: Alles soweit in Ordnung! Nur eben jene Krampfadern sollte ich mir entfernen lassen, um etwaigen künftigen Schwierigkeiten aus dem Weg zu gehen. Irgendwie ist es verrückt: Die Krampfadern sind weg und meine Beine wieder vorzeigbar. Ich werde nie wieder ins Schwimmbad oder an den Strand gehen können oder mit kurzen Hosen Fahrrad fahren. Also alles für die Katz'?

Gab es etwa sonst irgendeine Begründung für einen Schlaganfall in meiner Lebensweise? Nicht daß ich wüßte. Beruflich war ich zwar stets bestrebt, mein Bestes zu geben, und habe mich entsprechend – sagen wir ruhig einmal reingekniet. Allerdings ging das berufliche Engagement bei mir ausgesprochen selten auf Kosten der Freizeit, dazu war mir mein „family life" einfach zu wichtig.

Aufregung? Einige Wochen vorher hatte ich mich wohl über eine Sache erregt, ja man kann sogar behaupten, daß sie mir ganz schön „unter die Haut" ging. Doch das war längst abgeschlossen, ich hatte ein für alle Mal einen Schlußstrich gezogen und außerdem, welcher Mensch regt sich nicht mal auf?

Naja, – nehmen wir halt einfach mal an, der Pons-Infarkt war mein persönliches Schicksal. Es ist ja ohnehin nichts mehr zu ändern und meine Überlegungen führen auch letztendlich zu keinem verwertbaren Ergebnis.

Bestandsaufnahme

Um dem Leser und der Leserin dieser Zeilen einmal meine Lage zu veranschaulichen und auch um deutlich zu machen, inwieweit sich die Abhängigkeit von anderen Menschen erstreckt, hier einmal eine möglichst detaillierte Zustandsbeschreibung.

Beginnen wir am besten beim Kopf: In geistiger Hinsicht scheint sich bei mir nichts verändert zu haben. Das Einzige, was mir anfänglich auffiel, ist die Tatsache, daß es mir plötzlich kaum noch möglich war, Filmuntertitel zu lesen, sobald ich die Hälfte der Schrift erfaßt hatte, verschwand der Untertitel bereits wieder. Allerdings hat sich diese kleine Schwäche mittlerweile ganz offensichtlich wieder gegeben.

Doch dann geht es auch schon los, zunächst einmal mit Mimikstörungen, – die rechte Gesichtshälfte ist davon wesentlich stärker betroffen als die linke.

Die gesamte Mundmotorik ist schwer beeinträchtigt, und somit ergeben sich natürlich ganz automatisch Probleme bei der Nahrungsaufnahme. Dieses hat sich zwar im Laufe der Zeit um einiges gebessert, doch das Zerkleinern der Speisen geht immer noch verhältnismäßig langsam vonstatten (durchschnittlich benötige ich etwa eine halbe Stunden für eine Mahlzeit), und ist zeitweise auch recht mühsam.

Oftmals verspüre ich beim Essen oder Trinken einen unwiderstehlichen Hustenreiz, der auch recht lange anhalten kann. Nach solchen Hustenanfällen bin ich oft – salopp ausgedrückt – ziemlich gebügelt.

Da erinnere ich mich gerade noch an eine böse Sache.

Einige Male ist mir, – vermutlich auf Grund der starken Einschränkung meiner Zungenbeweglichkeit, ein zu großes Stück Obst in den Rachen gerutscht. Ich wurde dann sozusagen jedesmal fast zum männlichen Schneewittchen. Im nachhinein gelingt es mir zwar, meine Scherze darüber zu machen, in den betreffenden Minuten jedoch war mir nicht zum Lachen zumute.

Nur äußerst mühsam gelang es jedesmal, mich wieder davon zu befreien. Einmal war dies besonders gemein. Das Stück Apfel war zwar klein genug, um durch meinen Schlund zu passen, doch in der Speiseröhre hat es sich dann schließlich verklemmt. Die halbe Nacht verging, bis dieses Apfelstückchen sich endlich dazu entschloß, weiter zu wandern. Nun, ich möchte hier nicht übertreiben, doch Sie können mir ruhig glauben, daß ich meine Nächte schon wesentlich angenehmer verbracht habe. Jetzt aber Schluß damit, Thema beendet. Das Nächste wäre dann ja wohl die Kommunikation.

Ich leide an einer dystonischen Dysarthrie. Es ist mir in der Regel nur noch mit beträchtlicher Anstrengung möglich, so etwas ähnliches wie ein Wort zu erzeugen, und das ist für einen Außenstehenden kaum verständlich. Ich kann das oft nicht nachvollziehen, in meinem Inneren ist ja völlig klar, was ich gerade ausdrücken möchte. Deshalb klingen die eigenen Worte für mich selbst logischerweise keineswegs so unverständlich. Wenn dann die jeweiligen Gesprächspartner nicht mit mir zurechtkommen, werde ich häufig ungeduldig, und dadurch wird mein Gestammel noch wirrer.

Mein Lieblingswort ist dann immer „egal", diesen Begriff verstehen alle und damit wird dann leider sehr schnell jede Unterhaltung beendet.

Auch unterliegt die mir noch verbleibende Möglichkeit, mich zu artikulieren, starken Schwankungen. Besonders am Abend, fällt es mir in der Regel außerordentlich schwer, überhaupt noch einen Ton von mir zu geben. Ich sperre dann zwar manchmal den Mund auf und bemühe mich etwas zu sagen, doch heraus kommt lediglich ein müdes Krächzen. Da ich vor meiner Erkrankung ein recht kommunikativer Zeitgenosse war, ist dies äußerst frustrierend für mich.

Ich bin zeitweise auf die Nackenstütze angewiesen, speziell am Abend gelingt es mir nicht mehr, den Kopf gerade zu halten.

Meine Arme sind beinahe gelähmt. Den Linken kann ich geringfügig bewegen, es reicht inzwischen gerademal dazu aus, mir selbst ein Brot, Brötchen oder eine Wurst in den Mund zu stecken. Man muß mir die verschiedenen Dinge allerdings vorher in die Hand drücken, aufnehmen kann ich nicht das Geringste.

Ist es mir gelungen, etwas alleine, „ohne fremde Hilfe" zu verspeisen, kommt mir das dann jedoch jedesmal wie ein kleiner Sieg vor, und ich übe unentwegt um eine Verbesserung zu erreichen. Am liebsten übe ich natürlich am Objekt, daß heißt in diesem speziellen Fall, mit etwas zum Essen in der Hand.

Wenn ich mich sehr anstrenge, gelingt es mir gelegentlich auch einmal, meinen rechten Arm etwas anzuheben, damit läßt sich allerdings überhaupt nichts anfangen. Halt, jetzt hätte ich um ein Haar etwas sehr wichtiges ausgelassen, meinen linken Daumen. Mit ihm bin ich immerhin in der Lage, ein Lesegerät und meinen Computer zu bedienen, doch davon später mehr.

Die oberen Extremitäten selbstständig vom Körper wegzustrecken, ist mir völlig unmöglich geworden. Das kann übrigens ziemlich unangenehm werden, wenn im Sommer hohe Temperaturen herrschen.

Die Hände sind eigentlich ständig geschlossen. Es gelingt mir nicht mehr, sie ohne die Hilfe eines Therapeuten zu öffnen. Lediglich am Morgen, wenn ich entspannt aufwache, sind es keine geballten Fäuste.

Zusätzlich habe ich in den Händen noch einen ausgeprägten Greifreflex. Immer wenn etwas meine Handinnenflächen berührt, krümmen sich augenblicklich die Finger mit aller Kraft zusammen.

Im linken Ellbogengelenk machte sich schon im Anfangsstadium der Erkrankung eine Kontraktur bemerkbar, das heißt es gelingt mir nicht mehr ganz, den Arm geradeaus zu strecken, da sich das Gelenk teilweise versteift hat.

Der Rumpf hat jegliche Stabilität verloren. Wenn ich keinen Schalensitz im Rollstuhl hätte, wäre es mir höchstwahrscheinlich nicht möglich, über längere Zeit zu sitzen. Außerdem neige ich dazu, andauernd nach links zu kippen – durch die unterschiedliche Stärke der Spastik, nehme ich an.

Doch kommen wir zur nächsten Abteilung. Das wäre dann die Lunge. Es ist mir lediglich noch möglich, flach zu atmen, auch durch die Nase schnauben ist unmöglich geworden. Husten gelingt mir nur noch, wenn ich einen Reiz verspüre, nicht mehr auf Kommando.

Ich habe kaum noch Kontrolle über den Schließmuskel. Insbesondere dieser Umstand belastete mich lange Zeit ganz erheblich. Es war nicht einfach, sich damit abzufinden, keinen Einfluß mehr – gerade auf diese Körperregion – nehmen zu können und zusätzlich beim Verrichten der Notdurft ständig auf die Hilfe anderer Menschen angewiesen zu sein. Mochten diese auch noch so oft betonen, daß es ihnen nichts ausmachte, mir zu helfen, ich hätte mich am liebsten bei solchen Gelegenheiten in ein Mauseloch verkrochen.

Glücklicherweise hat sich das im Laufe der Zeit etwas eingespielt, so daß wir inzwischen im Allgemeinen keine großen Probleme mehr damit haben. Im Klartext heißt das, meine Frau setzt mich etwa einmal wöchentlich – öfter kann ich aufgrund einer ständigen Darmträgheit nicht mehr – mit dem Lifter auf die Toilette. Allerdings bin ich trotzdem gezwungen, stets eine Einlage zu tragen, um „Eventualitäten" vorzubeugen.

Mit der Blase habe ich bisher keine nennenswerten Schwierigkeiten. Merkwürdigerweise gelingt es mir noch – wenn auch eingeschränkt –, sie zu kontrollieren. Der Urin fließt über eine Leitung ab, die an einem Urinar – Schwestern bezeichneten die Dinger einmal scherzhaft als „Pariser mit Loch" – angeschlossen ist und in einem Beinbeutel mündet.

Weiter geht's, nun zu den Beinen. Sie sind völlig gelähmt. Es bleibt mir wohl nichts anderes übrig, als mich damit abzufinden.

Inzwischen[3] habe ich mich sowieso zu der Erkenntnis durchringen müssen, daß sich an meinem Zustand nicht mehr allzuviel in positiver Hinsicht verändern kann. Dennoch übe ich beständig weiter, denn kleine Fortschritte müßten sich doch auch jetzt noch erzielen lassen.

Wenn ich überdenke, was ich soeben geschrieben habe, fällt mir auf, daß der letzte Absatz sehr deutlich

---

[3] Circa dreieinhalb Jahre nach meiner Erkrankung.

meine innere Verfassung widerspiegelt – sozusagen ständig zwischen hoffen und resignieren.

Damit bin ich jedoch noch nicht am Ende meiner Aufzählung angelangt, an den Beinen habe ich überdies eine zeitweise recht schmerzhafte Empfindungsstörung. Fast jede Berührung an ihnen verspüre ich als ein Brennen, etwa so, als wäre ich in die Nesseln gefallen. Ich hätte mir nie träumen lassen, daß beispielsweise das Waschen der Beine oder auch nur das Hochziehen einer Hose weh tun könnte.

Besonders unangenehm macht sich dieses Phänomen am Abend bemerkbar, sobald mich meine Frau mit dem Lifter vom Rollstuhl ins Bett befördert. In dem Augenblick, in dem meine Beine aus der Beugung in die Streckung übergehen, fängt die Hautregion um meine Knie an, höllisch weh zu tun. Dieser Phantomschmerz ist zwar nach drei, vier Sekunden wieder verschwunden, doch das reicht auch schon. Man kann ruhig sagen, das ist für mich im Regelfall der angenehmste Moment des Tages.

Bis auf diese Störung ist jedoch mein körperliches Empfinden unverändert geblieben, würde ich mal behaupten. Im anderen Fall wäre ich wohl auch schon lange wund geworden.

Meine Füße sind zu zwei wunderschönen Spitzfüßen geworden. Bitte sehen Sie mir meinen Zynismus nach, die wären jedoch – soweit ich das beurteilen kann – wirklich nicht nötig gewesen.

Ursprünglich gingen die behandelnden Ärzte wohl davon aus, daß ich die Geschichte sowieso nicht allzulange überleben würde.[4] Jedenfalls war die Kran-

---

[4] Ich hätte wohl selbst im ersten Monat keinen Pfifferling mehr für mein Leben gegeben.

kengymnastik bei mir – solange ich mich in Berlin befand – nicht besonders gründlich. Ich denke, das kann ich heute recht gut beurteilen.

Arme und Beine wurden zwar für gewöhnlich am Morgen einmal kurz von einer jungen Frau durchbewegt. Damit hatte es sich aber auch schon, und als ich nach drei Wochen in Richtung Heimat verlegt wurde, waren meine Füße schon völlig vermurkst.[5]

Das meine ich deshalb so genau zu wissen, da die Krankengymnasten das Stehbrett, auf das man mich im ersten Jahr in der Neurointensiv Herbstein tagtäglich verfrachtete, von Beginn an unter den Fußflächen schräg stellen mußte und es mir dennoch nicht gelang, mit den Fersen den Boden zu berühren.

Natürlich kann ich nicht mit absoluter Sicherheit behaupten, daß die extremen Spitzfüße in meinem Fall tatsächlich zu verhindern waren. Dazu reichen meine recht bescheidenen medizinischen bzw. neurologischen Kenntnisse nicht aus. Die Informationen, die ich mir im Laufe der Zeit beschaffen konnte, deuten jedenfalls darauf hin und von einer Prophylaxe die Füße betreffend habe ich in den ersten drei Wochen nichts registriert. Zudem ist mir während meiner über zweijährigen Behandlung in Spezialkliniken lediglich zweimal jemand aufgefallen, bei dem die Füße ähnlich extrem geschädigt waren wie bei mir.

Wenn ich so zurückdenke, kann ich mich ohnehin des Gefühls nicht ganz erwehren, daß man mit dieser Art von Erkrankung in der betreffenden Berliner Klinik nicht allzu häufig in Berührung kam. Meine Frau hat auch vor

---

[5] Auch die leichte Kontraktur im Ellenbogengelenk links stammt übrigens aus jenen Tagen.

geraumer Zeit mir gegenüber einmal erwähnt, daß die Ärzte mich ursprünglich von Potsdam aus in eine Westberliner Spezialklinik verlegen wollten. Dort konnte man mich jedoch wegen akutem Platzmangel nicht aufnehmen und so kam es, daß ich kurzfristig in ein anderes Krankenhaus eingewiesen wurde. Ich kann mich sogar selbst noch verschwommen an die damalige Verschiebeaktion erinnern, nun aber weiter im Text.

Zu allem Überfluß habe ich ferner eine ausgeprägte Tetraspastik[6] aufzuweisen. Dadurch wird fast jeder kleine Bewegungsansatz zusätzlich sehr erschwert.

Oft verkrampfe ich mich bei der geringsten Berührung, und es ist mir unmöglich, daran etwas zu ändern. Ganz im Gegenteil, wenn ich mich bemühe, dagegen anzukämpfen, verstärkt sich der Tonus[7] noch. Jede noch so geringfügige Aufregung merkt man mir an, ich verspanne mich augenblicklich. Es ist mir aus diesem Grunde nicht mehr möglich, Unwillen irgendwelcher Art zu verheimlichen. Wenn ich mich ärgere oder aufrege, gehen die Beine umgehend in die Streckung und meine Arme bewegen sich mit einem Ruck nach oben bis zu den Brustwarzen.[8] Anstrengungen jedweder Art[9], ja selbst lachen, gähnen oder husten beeinflußt den Muskeltonus. Damit meine Beine im Sitzen nicht ständig nach oben gehen, werden sie knapp

---

6 Tetraspastik – krankhafte Tonuserhöhung (vgl. Fußnote 7) in allen vier Gliedmaßen.
7 Tonus – der durch Nerveneinfluß bedingte normale Anspannungszustand der Muskeln.
8 Man nennt dies auch spastisches Muster. Zusätzlich sind dabei noch die Fäuste geballt, die Handgelenke gebeugt und die Fußspitzen weisen wie bei einer Ballerina nach unten.
9 Dazu zählen wie gesagt häufig auch Verständigungsversuche.

oberhalb der Knöchel durch ein breites Klettband von den Fußstützen des Rollstuhls gehalten.

Die Spastik erschwert mir übrigens auch häufig das Drücken des Sensors, mit dem ich meine Geräte bediene. Wenn ich beispielsweise etwas schreibe, komme ich deshalb auch an guten Tagen nicht über maximal 2500 Zeichen hinaus, was in etwa einer knappen Din A4 Seite entspricht.

Wie vor kurzem schon einmal erwähnt, sind die Hände bei mir ständig zu Fäusten geschlossen. Wenn ich die typischen Merkmale eines extremen Spastikers auflisten sollte, kämen wohl die geballten Fäuste ziemlich obenan.

Eine unangenehme Erscheinung ist auch der sogenannte Klonus, ein durch Anstrengung, Manipulationen an mir und oft ebenfalls durch bloße Berührung hervorgerufenes Zittern einzelner Körperteile. Zwei Beispiele:

Sobald eine der Therapeutinnen versucht, meine Hände zu öffnen oder der Pfleger morgens beim Ankleiden die Beine bei mir anhebt, wird damit ein heftiges Zittern dieser Körperteile ausgelöst.

Größere Schmerzen habe ich[10] – ich sprach es bereits kurz an – nicht mehr allzu oft. Manchmal muß ich Karin allerdings des nachts wecken, weil mir die rechte Ferse brennt[11] und bisweilen schmerzt auch schon mal ein Fußgelenk. Doch verglichen mit dem, was ich anfangs erdulden mußte, sind das wahrlich nur Bagatellen.

---

[10] Mal abgesehen von den durch die Empfindungsstörung hervorgerufenen lästigen Phantomschmerzen.
[11] Aufgrund mangelnder Durchblutung, denn ich bin ja nicht mehr in der Lage, mich zu bewegen.

Abschließend vielleicht noch eine kleine Anmerkung. Ich kann heute, – nachdem ich am eigenen Leib erfahren mußte, was es genau heißt, ein Spastiker zu sein, überhaupt nicht mehr nachvollziehen, daß viele meiner Zeitgenossen mit diesem Begriff so leichtfertig umgehen. Da fällt mir beispielsweise der Witz ein:

Was ist der Unterschied zwischen einem Griesbrei und einem Spastiker? Auflösung: Einen Griesbrei ißt man mit Zucker und Zimt und ein Spastiker steht im Zimmer und zuckt. Ist das nicht komisch? Ich könnte mich über diesen gelungenen Scherz geradezu totlachen.

Zeitweise versuche ich ja selbst über mich zu lachen, doch das ist eher eine Art Galgenhumor. Was ist denn um Himmels Willen an einem Spastiker so lustig? Wie wäre es denn zur Abwechslung mal mit einem Spaß über einen MS- oder Krebskranken?

Alles rein zufällig?

Die ersten Überlegungen dahingehend, meine Erfahrungen und Empfindungen in diesem schwierigen Lebensabschnitt irgendwie festhalten zu müssen, stellte ich zwar schon relativ früh an, doch es schien lange Monate völlig unmöglich, diesen Gedanken auch in die Tat umzusetzen.

Samstag, Sonntag lag ich am Anfang meiner Erkrankung meist im Bett und wußte kaum etwas mit mir anzustellen. Auch an den Werktagen im ersten Vierteljahr stand mir reichlich freie Zeit zur Verfügung.

Praktisch das einzige, was ich in diesem Zeitraum tagsüber tun konnte, war, meine Gedanken auf die Reise zu schicken, und dabei erwies es sich als außerordentlich problematisch, nicht ständig nur am sinnlosen „Warum" hängen zu bleiben. Es war also gewissermaßen auch so eine Art Selbstschutz für mich, die Ereignisse der vergangenen Monate noch einmal Revue passieren zu lassen. Als ich dann die Bekanntschaft des Computers machte und bemerkte, daß ich sehr wohl noch in der Lage war, etwas zu Papier zu bringen, war es eigentlich gar keine Frage mehr: Ich mußte alles notieren und gleichzeitig damit, – wie bereits gesagt, wohl auch ein wenig aufarbeiten.

Es ist zwar immer eine vergleichsweise mühevolle Angelegenheit geblieben, Buchstaben für Buchstaben mit einem Daumendruck zu erzeugen[12], doch alleine der Gedanke daran, wieder etwas zu bewegen und nicht mehr länger zur absoluten Untätigkeit verdammt zu sein, war praktisch vom ersten Moment an etwas Wundervolles für mich.

Als ich lange Zeit später diesen kleinen Absatz überflog, kam mir ein schöner Vergleich in den Sinn.

In meiner Jugend hatte ich gelegentlich spaßeshalber eine Abfolge von Zeichnungen auf die verschiedenen Seiten eines Notizblocks aufgemalt. Wenn man nun den Daumen rasch über die seitliche Kante des Blocks gleiten ließ, so daß die Blätter schnell vor den Augen des Betrachters vorüberflogen, entstand der Eindruck eines bewegten Bildes, eine kleine Geschichte wurde erzählt. Das war dann ein sogenanntes Daumenkino.

Genau genommen war doch dieser Bericht auch so eine Art Daumenkino, schließlich wird darin ebenfalls mit dem Daumen eine Geschichte erzählt.

Natürlich bin ich mir von Anfang an klar darüber

---

[12] Inzwischen dürfte ich wohl die Million locker überschritten haben.

gewesen, daß an mir kein Schriftsteller verloren gegangen ist, doch das sollte mich ganz gewiß nicht von meinem Vorhaben abbringen.

Die Therapeutin, die mich mit dem Computer vertraut machte, Frau Fuchs, hat ganz zweifellos ebenfalls einen gehörigen Teil dazu beigetragen, dieses für mich doch sehr langwierige Projekt in die Tat umzusetzen, indem Sie mich anfänglich immer wieder ermutigte, einfach einmal den Versuch zu wagen.

Mit der Zeit gewann ich immer mehr Freude an der Schreiberei, und schon bald verbrachte ich meine gesamte Freizeit an dem Gerät. Wenn ich im Zimmer von Frau Fuchs vor dem Monitor saß, vergaß ich meine Umwelt, Feuereifer ist glaube ich der richtige Ausdruck dafür. Endlich hatte ich das Gefühl: „Du kannst – wenn auch im bescheidenen Rahmen – wieder etwas bewegen und gestalten." Was dies für mich bedeutete, der ich monatelang gezwungen war, so gut wie gar nichts zu tun, kann ich kaum in Worte fassen.

Später, zu Hause begann mich jedoch auch der PC selbst richtiggehend zu faszinieren. Ich hatte das Glück, daß sich mein geliebtes Eheweib seit etlichen Jahren hobbymäßig mit dem Computer beschäftigte, und so war der Einstieg für mich nicht allzu schwierig. Ich erinnere mich daran, daß ich schon unheimlich stolz war, als es mir erstmals gelang, eine Batchdatei, die ich selbst zusammengestellt hatte, abarbeiten zu lassen. Mit Begeisterung versuchte ich durch Lesen von Fachbüchern[13] und „learning by doing" immer tiefer in die Materie einzudringen. Inwieweit mir das bisher gelang,

---

[13] Manche mußte ich mehrmals lesen, bis bei mir der Groschen gefallen war.

möchte ich jetzt mal dahingestellt lassen, doch eins kann man sicherlich mit Fug und Recht behaupten, ohne meinen heißgeliebten „Trottel" würde ich wesentlich mehr Trübsal blasen. Nun will ich aber nicht länger abschweifen, auch wenn es mir sehr schwer fällt.

Die Namen der beteiligten Personen habe ich größtenteils geändert, um möglichst niemanden zu kompromittieren. Auch die Ortsnamen wurden von mir weitgehend vertauscht oder unkenntlich gemacht. Die unmittelbar an der Geschichte Beteiligten werden höchstwahrscheinlich dennoch ahnen, wer im einzelnen gemeint ist, sobald sie dieses Büchlein lesen. Deshalb, – sollte ich jemanden Unrecht tun oder ihn gar verletzen, möge er es mir bitte nachsehen.

Ich werde auf jeden Fall darum bemüht sein, meine Wahrnehmungen, Überlegungen und Gefühle während der verschiedenen Phasen der Erkrankung, so exakt wie möglich wiederzugeben. Natürlich bin ich mir klar darüber, daß dem Leser und der Leserin dieser Zeilen so manche Einzelheit ziemlich subjektiv erscheinen mag, doch alles habe ich genauso empfunden, wie ich es im weiteren Verlauf dieses Berichtes schildern werde.

Zu keiner Zeit[14] war ich völlig besinnungslos. Dieser Umstand dürfte eventuell die Beschreibung der vergangenen Jahre noch ein wenig interessanter machen.

Bevor ich nun mit der eigentlichen Schilderung meiner Erlebnisse beginne, möchte ich noch drei, wie ich meine etwas seltsame Kleinigkeiten erwähnen, die mir im Lauf der Zeit bewußt geworden sind:

1. Der Infarkt traf mich exakt am Todestag meines

---

[14] Wenn man einmal von den ersten Stunden im Potsdamer Krankenhaus absieht.

Vaters, sogar etwa um die gleiche Uhrzeit. Lediglich das Jahr stimmte nicht, er starb bereits 1963, im Alter von 46 Jahren. Diese merkwürdige Übereinstimmung wurde mir erst eineinhalb Jahre danach bewußt.

2. Am Tag zuvor hatte ich zum ersten Mal in meinem Leben die Stadt aufgesucht, in der mein Vater geboren wurde und auch lange Jahre gelebt hat.

3. Dort in Leipzig sind wir ausgerechnet in einer Straße gelandet, die denselben Namen trug wie unsere Heimatstadt. Bei der Straße handelte es sich um eine kleine, völlig unbedeutende Nebenstraße.

Ich bin ja von Natur aus kein abergläubischer Mensch, aber das alles kommt mir schon ein wenig eigenartig vor. Doch jetzt genug davon, kommen wir zum Thema.

Vorgeschichte

Wenn man es genau betrachtet, konnten wir mit unserem Leben bis zu jenem Zeitpunkt zufrieden sein. Zwar war es uns nicht gelungen, große Reichtümer zu erlangen und wir hatten die üblichen Sorgen. Doch wir verstanden uns sehr gut und lebten recht glücklich und zufrieden mit unseren drei Kindern in einem Häuschen am Rande einer hessischen Kleinstadt. In gesundheitlicher Hinsicht lag bisher ebenfalls kein Grund vor, sich zu beklagen, auf einen Nenner gebracht: Es ging uns eben gut.

Ich war in einer Druckerei mittlerer Größe, die sich vor etlichen Jahren in unserem Ort niedergelassen hatte, als Offsetdrucker beschäftigt und trug dort bis zu meinem Ausscheiden die Verantwortung für eine großformatige Sechsfarben-Bogendruckmaschine. Mein Beruf machte mir Spaß und füllte mich auch aus.

Dann kam dieses grauenhafte Datum, das alles zunichte machen sollte. Während eines Urlaubs in Ungarn hatten wir ein Jahr zuvor eine Familie aus Königs-Wusterhausen[15] kennengelernt. Im Frühjahr, genauer gesagt über die Fastnacht, waren sie bei uns gewesen und an jenem unseligen Weekend wollten wir nun zu dritt[16] zu einem Gegenbesuch starten. Bewußt hatten wir den Termin für diese Stippvisite so gelegt, da am Dienstag der folgenden Woche Feiertag war und wir mit nur einem Tag Urlaub somit genug freie Zeit für einen kurzen Besuch zur Verfügung hatten.

Freitags wurde ich von eigenartigen Schwindel-anfällen geplagt, doch um das Wochenende nicht zu gefährden beschloß ich, sie einfach zu ignorieren, und hoffte auf Besserung. Das war wohl, wie ich lange Zeit danach erfahren mußte, die schwerwiegenste Fehlent-scheidung meines Lebens.

Bis zu besagtem Zeitpunkt war ich aber noch nie ernsthaft erkrankt und fühlte mich deshalb nahezu unverwundbar. Ich war bislang mit dem *„das wird schon wieder"* nie schlecht gefahren. Am Samstagmorgen ging es mir tatsächlich auch wieder recht gut. Zwar war ich noch etwas benommen, doch nach dem Frühstück brachen wir dennoch frohgemut und voller Tatendrang auf.

Beim Überqueren der Demarkationslinie beschlich meine Frau und mich ein beklemmendes Gefühl. Die Grenzkontrollen waren zwar zum damaligen Zeitpunkt

---

[15] Damals noch DDR.
[16] Meine Frau Karin, unsere jüngste Tochter Claudia und ich.

schon ziemlich leger geworden. Die Zonengrenze an sich aber, mit ihren drohenden Wachttürmen, den vielen Bewaffneten, der Menge Zaun, Stacheldraht und dem langen Korridor hin zum eigentlichen Übergang hinterließ wohl bei jedem, der sie jemals erblickt hat, einen unauslöschlichen Eindruck.

Was uns nach dem Grenzübertritt zunächst auffiel war, daß von nun an die Farbe grau ganz klar dominierte. Man meinte jäh eine andere Welt zu betreten. Ich entsinne mich an ein diesbezügliches Gespräch mit Karin.

Gegen Mittag machten wir noch in Leipzig eine etwas längere Pause. Diesen Besuch hatten wir uns auf meinen Wunsch vorgenommen. Einmal in meinem Leben wollte ich die Stadt besuchen, aus der meine Vorfahren väterlicherseits stammten. Danach fuhren wir ohne Aufenthalt dem Ziel unserer kleinen Reise entgegen.

Wenn uns damals bewußt gewesen wäre, was auf uns zukommt, hätten wir wohl mit Sicherheit schleunigst umgedreht und versucht, unserem Schicksal noch zu entrinnen.

In den frühen Abendstunden kamen wir bei unseren Freunden in Königs-Wusterhausen an und wurden dort herzlich empfangen. Wir besichtigten ihr Häuschen – dieses war etwa identisch mit unserem eigenen Domizil – aßen danach zu Abend, und in gemütlicher Runde wurde anschließend entschieden, am nächsten Tag die Schloßanlage Friedrichs des Großen im naheliegenden Potsdam zu besichtigen.

Desaster

Nach einem reichhaltigen Frühstück brachen wir am nächsten Morgen gemeinsam zur Schloßbesichtigung auf. Immer noch nichts wies auch nur im Entferntesten darauf hin, daß mein Frühstück am nächsten Morgen aus Flüßignahrung bestehen sollte. Nichts, aber auch gar nichts deutete die näherkommende Katastrophe an.

Unsere Freunde hatten für den Abend etwas außerhalb von Potsdam in einem Lokal bei einer alten Mühle reservieren lassen. Vor dem Essen wollten wir uns jedoch unbedingt noch einmal in der Mühle umschauen. Dabei geschah es dann ohne die geringste Vorwarnung.

Plötzlich bemerkte ich in meinem Inneren ein eigenartiges Dröhnen, das mal an Intensität zunahm und dann wieder fast völlig verschwand. Zeitweise überdeckte es alles andere. Sämtliche Vorgänge außerhalb meines Körpers hatten mit einem Mal keinerlei Bedeutung mehr. Unter Aufbietung meiner letzten Kräfte – immer noch bestrebt, meinen Zustand vor den anderen zu verbergen – taumelte ich ins Freie. Karin, die mir ansah, daß etwas nicht in Ordnung war, eilte herbei und versuchte noch mich zu stützen, doch die Kräfte verließen mich, langsam sank ich zu Boden.

Nach und nach verlor ich jegliche Kontrolle über meinen Körper, blieb jedoch vollständig bei Bewußtsein. Eine große Ruhe breitete sich in mir aus. Vollkommen gleichgültig verfolgte ich alles, was sich nun um mich herum abspielte. Wenn ich als unbeteiligter Passant den Vorgang mitbekommen hätte, wäre meine Erregung sicher wesentlich größer gewesen. Später habe ich mir überlegt, daß ich in diesem Augenblick dem Tod wohl sehr nahe war. Ich glaube, in diesen Minuten hat er viel von seinem Schrecken für mich verloren. Erwähnen sollte ich möglicherweise noch, daß ich während des gesamten Geschehens nicht die geringsten Schmerzen verspürte.

Irgend jemand rief nach einem Krankenwagen. Eine junge Frau lagerte mich inzwischen sachkundig. Die Ambulanz war relativ schnell zur Stelle. Im Inneren des Autos verlor ich dann – wahrscheinlich durch die Einwirkung eines Medikaments, das Bewußtsein.

Hier möchte ich noch einfügen, daß man damals bei mir gottlob von einem Luftröhrenschnitt – wie er bei uns in der Bundesrepublik bei Schwerverletzen und auch Schlaganfallpatienten nach meinen Informationen üblich ist – abgesehen hat, denn was ich später an intubierten Patienten[17] beobachten konnte, war wenig erfreulich. Schwierigkeiten bei der Nahrungsaufnahme waren dabei noch das Mindeste. Mehr möchte ich jedoch nicht ins Detail gehen, um niemanden den Appetit zu verderben.

In Berlin – erste Eindrücke

Wie ich später erfahren habe, lieferte man mich zunächst im Bezirkskrankenhaus von Potsdam ein. Meine Erinnerung an die ersten Stunden ist natürlich nur sehr verwaschen. An zwei Szenen kann ich mich allerdings noch verhältnismäßig genau erinnern. Die

---

[17] Kranken mit einem Luftröhrenschnitt setzt man einen sogenannten Tubus ein, vereinfacht ausgedrückt eine Art Röhre, die ihnen das Atmen ermöglicht.

erste war in der Notaufnahme der Klinik. Es gelang mir darin noch irgendwie, meine Papiere aus der Hosentasche zu kramen. Nummer zwei war eine Begegnung mit meiner Frau, der Kleinen und unseren Bekannten Jutta und Klaus auf dem Krankenhausflur.

So einigermaßen zu mir kam ich freilich erst wieder in der Intensivstation eines Westberliner Krankenhauses, in die man mich kurze Zeit später verfrachtete. Allerdings war ich auch hier anfänglich noch sehr verwirrt. Zusätzlich schien ich unter dem Einfluß eines Beruhigungsmittels zu stehen, so empfand ich es wenigstens.

Die minimalsten Bewegungen waren mir plötzlich unmöglich geworden. Was bisher die normalste Sache von der Welt zu sein schien, – beispielsweise einen Arm hochzuheben, das Knie anzuwinkeln oder auch nur einen Finger krumm zu machen, funktionierte nun auf einmal nicht mehr. Es kam mir so vor, als hätte jemand sämtliche Kommandoleitungen in meinem Körper durchgetrennt.

Der Kopf ließ sich zwar noch beinahe wie gewohnt hin und her drehen, mit ihm zu nicken war allerdings ebenfalls nicht mehr möglich. Ja selbst die Augen konnte ich während dieser ersten Phase der Erkrankung lediglich vom rechten Augenwinkel bis hin zur Mitte bewegen.[18] Nach links zu sehen, war völlig ausgeschlossen.

Auf der Intensivstation lief im allgemeinen alles ziemlich routiniert und unpersönlich ab. Bei irgend einer

---

[18] Bevor ich es vergesse, als ich diese Zeilen niederschrieb, habe ich überrascht festgestellt, daß es mir immer noch nicht so recht möglich ist, nur mit einer Augenbewegung nach links zu blicken. Ich habe das die ganzen Jahre lediglich unbewußt kompensiert, indem ich jedesmal den Kopf mitgedreht habe.

Gelegenheit wurde mir auch damals zum ersten Mal – geradezu schmerzhaft deutlich – meine absolute Ohnmacht bewußt. Aus mir war ein Gegenstand geworden, ein Ding, das man einfach nach Gutdünken hin und her schieben konnte. Ich war nun gewissermaßen ein Gefangener, dem man Hände und Füße fest zusammen geschnürt hat.

Zusätzlich hatte man mir anscheinend – wenn ich einmal bei diesem Vergleich bleibe – einen ganz gehörigen Knebel verpaßt, denn ich mochte mich noch so sehr abmühen, aus meinem Mund kam kein Ton. Das Einzige, das ich noch fast ohne Einschränkung nutzen konnte, waren Verstand, Augen und Ohren. Es war wirklich wie ein Alptraum, – einfach unbeschreiblich.

Erstmalig begann ich nun auch über meine neue Lage nachzudenken. Allmählich fing ich an zu begreifen, daß mit mir etwas Grauenhaftes, im wesentlichen nicht mehr Umkehrbares geschehen war. Nachdem man zweimal innerhalb kürzester Frist eine Computertomographie des Schädels bei mir vorgenommen hatte, konnte ich mir auch unschwer ausmalen, was sich etwa zugetragen hatte.

Das konnte, ja das durfte doch nicht sein, – Panik machte sich in mir breit. Meine Emotionen gerieten völlig aus dem Gleichgewicht. Monatelang[19] fing ich bei der geringsten Gelegenheit an zu heulen, ein unbedachtes Wort genügte da oft schon, und es war wieder einmal um meine Selbstbeherrschung geschehen. Nur sehr schwer gelang es mir, mich aus dieser depressiven Phase zu befreien und selbst heute, etwa zweieinhalb

---

[19] Es waren sogar, genau genommen, annähernd zwei Jahre.

Jahre nach der Stunde null, habe ich mein seelisches Gleichgewicht noch nicht völlig wiedergefunden.

Später, als ich mich in der Rehaklinik aufhielt, konnte ich beobachten, daß es gar nicht so außergewöhnlich ist, wenn man in einer solchen Situation weint. Jedenfalls war ich beileibe nicht der einzige, der versuchte, auf diese Weise mit der brutalen Wirklichkeit fertig zu werden. Zu jener Zeit jedoch befürchtete ich allen Ernstes, den Verstand ebenfalls noch zu verlieren.

Ich erinnere mich daran, daß mir eines Tages eine schon etwas ältere Schwester einen kleinen Transistorradio ans Bett hing. Endlich mal eine menschliche Geste! Leider hatte ich es nicht sehr oft mit ihr zu tun. Sie war in der Intensivstation eine der Wenigen, die sich bemühten, mich noch wie ein menschliches Wesen zu behandeln und auch mal ein Wort an mich richteten. Beim Großteil der anderen Pflegekräfte auf der Station kam ich mir, wie gesagt, eher wie eine Sache vor.

Ein jüngerer Mann flößte mir regelrecht Angst ein, da er öfters ziemlich brutal mit mir umsprang. Ich konnte ihm geradezu ansehen, daß er mich nicht sonderlich mochte. Sobald ich registrierte, daß er dienstfrei hatte, fiel mir jedesmal ein gewaltiger Stein vom Herzen.

Wenn ich mich recht erinnere, war es ein junger Arzt, der zuerst entdeckte, daß eine Verständigung mit mir durchaus noch möglich war. Etwas mühsam zwar, aber mit der Zeit immer geübter, begannen Karin und ich durch meine Augen wieder Verbindung miteinander aufzunehmen. Einmal mit den Wimpern klimpern hieß ja, zweimal bedeutete nein. Sie erzählt auch heute noch sehr gerne davon, daß ich damals ganz verzweifelt die Augen aufgerissen habe, als sie in Erwägung zog, unsere Familienkarosse eigenhändig nach Hause zu steuern.

In diesen Tagen war ein Bild – oder war es ein Kalender, na ist ja auch nebensächlich – unheimlich wichtig für mich geworden. Manchmal kam es mir so vor, als würde ich mich mit meinen Blicken förmlich daran festsaugen. Das Bild erschien mir damals sozusagen die letzte noch bestehende Verbindung zur gewohnten Welt zu sein. Ich war jedenfalls aufs äußerste betroffen, als man mich plötzlich auf einen anderen Platz schob, von dem aus ich die Graphik nicht mehr sehen konnte.

In dem knappen Monat, den ich in der Berliner Klinik zugebracht habe, wurde ich von schrecklichen Durstgefühlen geplagt. Meine Träume, – in der Regel waren es Alpträume, drehten sich beinahe ständig um Getränke.[20] Es hört sich gewiß etwas unglaubwürdig an, doch ich kann mir das wirklich nur so erklären, daß man mir seinerzeit viel zu wenig Flüssigkeit zugeführt hat. Erhärtet wird meine These durch den Umstand, daß diese sehr mißliche Empfindung nach meiner Verlegung sofort verschwunden war.

Karin, die mich tagtäglich solange wie möglich besuchte, hatte jedenfalls immer eine kleine Flasche Mineralwasser dabei und mit Hilfe eines Taschentuchzipfels machte sie mir damit wenigstens Mund und Lippen feucht. Meine Gier nach dem köstlichen Naß war jedesmal ungeheuer groß.

Normales Schlucken ist übrigens in der Anfangsphase dieser Erkrankung nicht möglich und demzufolge wurde ich monatelang durch eine Sonde ernährt.

Wie ich soeben erwähnte, hatte ich damals sehr intensive Träume. Überwiegend war es ja wirres,

[20] Für gewöhnlich ging es um Bier.

unangenehmes Zeug, doch ein Traum war auch sehr schön. Darin konnte ich pötzlich laufen wie eh und je. Ich war felsenfest davon überzeugt, am nächsten Morgen wieder im eigenen Bett aufzuwachen. Doch leider blieb das eben letztendlich nur ein schöner Traum.

Ich klammerte mich noch sehr sehr lange an den Gedanken: „Alles kann lediglich ein böser Traum sein, aus dem du in Kürze wieder erwachen mußt." Gewissermaßen war dieser Gedanke ja auch meine letzte Hoffnung, und diese war ich anscheinend nicht bereit, so schnell über Bord zu werfen.

Für unsere Bekannten aus der damaligen DDR war es überhaupt keine Frage, Karin und Töchterchen Claudia für die Dauer meines Klinikaufenthaltes ein Zimmer zur Verfügung zu stellen, auch unsere Älteste konnte später problemlos bei ihnen unterkommen.

Bald trafen die beiden Geschwister meiner Frau, Annemarie und Reinhard ein. Sie nahmen die Kleine mit, die natürlich mit den neuen Gegebenheiten überhaupt nicht zurecht kam.

Meine Erinnerungen an diese Zeit sind nicht gerade besonders erfreulich, das ist ja auch von der Situation her leicht nachzuempfinden. Verstärkt wurden diese negativen Eindrücke allerdings noch durch einige Ereignisse am Rande.

Da ich aber in dieser Periode oft nicht so ganz genau zwischen Wachsein und Traum unterscheiden konnte, fällt es mir schwer, das genauer zu beschreiben. Daß um mich herum fleißig gestorben wurde, hat mich jedenfalls auch nicht gerade euphorisch gestimmt. Immer dachte ich, der Nächste bist du und es gab Momente, in denen ich durchaus bereit dazu war, das möchte ich hier gar nicht verschweigen. Der Tod erschien mir manchmal als einziger Ausweg. Warum sich also noch großartig dagegen aufbäumen?

In dieser Phase hat mir Karin, meine Ehefrau immer wieder Mut gemacht. Anscheinend spürte sie genau, daß ich am aufgeben war. Ich kann mich noch sehr gut an ihre immer wiederkehrenden damaligen Worte erinnern: *In zwei Jahren lachen wir über alles!*

Leider hat sich ja nun alles etwas anders entwickelt, so daß es mir aus begreiflichen Gründen auch Jahre später noch sehr schwer fällt, darüber zu lachen.

Ein Erlebnis muß ich abschließend noch loswerden, da es bei mir einen tiefen Eindruck hinterließ. Es war kurz vor meinem Abtransport. Schwager Gerhard, meine Nichte Beatrice und ein Kinderarzt aus unserem Bekanntenkreis hatten sich inzwischen darum bemüht, einen geeigneten Platz für mich in der Nähe unserer Heimatstadt aufzutreiben, was sich übrigens als äußerst problematisch erwiesen hat.

Da belauschte ich an einem Morgen eine Unterhaltung zwischen einer Schwester und einem Patienten, der sich auf dem Weg der Besserung befand. Man ließ sich lang und breit darüber aus, wie wenig sinnvoll es doch sei, teure Spezialbetten mit solch aussichtslosen Patienten zu belegen. Dabei bestand nicht der geringste Zweifel daran, von wem die Rede war. Natürlich wußte ich, daß es nicht gut um mich stand, doch dieses kleine Gespräch, bei dem der andere Patient auch noch genüßlich auf einem Marmeladenbrötchen herumkaute, hat mich dennoch tief getroffen.

Zunächst war ich nicht gerade begeistert, als mir Karin mitteilte, wohin es gehen sollte, – die Landesnervenklinik Herbstein war als einziges Krankenhaus bereit gewesen mich aufzunehmen. Eine Nervenklinik war natürlich nicht gerade der Aufenthaltsort, den ich mir gewünscht und erhofft hatte. Andererseits wollte ich jedoch auch so schnell wie möglich raus aus dieser wenig hoffnungsvollen Umgebung.

Doch bis mein Rücktransport geklärt war, ging noch einige Zeit ins Land. Als ich es kaum noch zu hoffen wagte, war es endlich soweit. Mittlerweile wurde ich immer schwächer und eine weitere Woche hätte ich wohl dort nicht überlebt, zumindest war dies meine subjektive Empfindung.

Über Straße und Schiene ging es los zu meinem neuen Bestimmungsort. Glücklicherweise hatten wir zwei Jahre zuvor eine Versicherung abgeschlossen, die die Kosten der Beförderung völlig übernahm.

Der Transport wurde außerordentlich strapaziös für mich, das war ja auch abzusehen – pfiff ich doch sozusagen auf dem letzten Loch. Deshalb hatte ich ursprünglich angenommen, man würde mich ausfliegen, dies erwies sich allerdings als Trugschluß.

Gegen Abend kam der Rettungswagen mit einem vollkommen erschöpften Robert H. in der Landes-Nerven-Klinik Herbstein an.

In der neurologischen Intensivstation der L. N. K. Herbstein

Karin und Schwager Reinhard erwarteten mich dort bereits. Nach einer eingehenden Untersuchung brachte man mich auf ein Einzelzimmer und der Chefneurologe riet meiner Frau, ein Radio- oder Fernsehgerät für mich zu besorgen. Der Stationsarzt legte meiner Frau nahe, die erste Nacht an meinem Bett zu verbringen, da diese erfahrungsgemäß kritisch werden könnte. Das formulierte er natürlich etwas anders, doch ich war durchaus noch in der Lage, zwei und zwei zusammen zu zählen.

Es wurde eine endlose Nacht. Ständig schreckte ich auf und war heilfroh, daß Karin bei mir saß.

Das erste, was ich am nächsten Tag registrierte, war: Hier ist man den Umgang mit Patienten deiner Art gewohnt. Mit einem Mal sprachen mich auch alle wieder mit meinem Namen an. Meine Vorbehalte waren also reine Vorurteile gewesen. Schlagartig ließ auch mein starkes Durstgefühl nach, doch das hatte ich ja bereits erwähnt.

Ansonsten nahm ich vorläufig nicht sehr viel von meiner Umgebung auf und war ziemlich mit mir selbst beschäftigt. In der Hauptsache aus folgendem Grund: Ich mußte damals noch alle vier Stunden[21] umgelagert werden. Sobald ich jedoch in den ersten Monaten auf der Seite lag, taten mir schon nach kurzer Zeit meine Knie-, Hüftgelenke und Arme – hier waren es die Muskeln, die mich plagten – entsetzlich weh.[22] Häufig lag ich im Bett und weinte aus diesem Grund. Jedesmal war ich fest davon überzeugt, die grauenhaften Schmerzen keinen Tag länger ertragen zu können und wußte doch gleichzeitig genau, es gibt kein Entrinnen für dich. Meine ersten einigermaßen verständlichen Worte damals waren: Aua und Arme, da diese sobald sie etwas anders gelagert wurden, für eine kurze Zeitspanne nicht mehr so sehr schmerzten.

---

[21] Heute, etwa zwei Jahre später, liege ich im Regelfall beschwerdefrei die ganze Nacht auf der linken Seite.

[22] Wenn ich mich richtig erinnere, dauerte es über ein halbes Jahr, bis die Qualen allmählich nachließen.

Dazu kam noch – man sollte ruhig einmal versuchen, sich in meine Lage zu versetzen – die absolute Bewegungsunfähigkeit und, was ich noch als viel schrecklicher empfand, kaum eine Möglichkeit zur Kommunikation. Ich mochte mich noch so sehr anstrengen, was aus meinem Mund kam, war bestenfalls undefinierbares Gestammel, es war einfach zum Verrücktwerden.

In dieser Periode hatte ich noch – ich erwähnte es bereits in der Einleitung – sehr viel Zeit zum Nachdenken[23], denn außer der Krankengymnastik am Morgen gab es eigentlich nichts zu tun. Die Leiterin der krankengymnastischen Abteilung, Frau Hoffmann, versuchte, mich zunächst nach der Vojta–Methode[24] zu mobilisieren und bewegte mich anschließend durch.[25] Außerdem kam ich täglich aufs Stehbrett, wohl in der Hauptsache um meine seinerzeit schon sehr ausgeprägten Spitzfüße zu bekämpfen und den Kreislauf zu tranieren. Sobald ich stand, machten die Gymnasten auch noch einige Mimik- und Zungenübungen mit mir.

Ich glaube es ist angebracht, zwischendurch den Begriff Stehbrett kurz zu erläutern. Das ist mit wenigen Worten erklärt: Ein Stehbrett ist ein abgepolstertes Brett, auf dem bewegungsunfähige Patienten von den Kran-

---

[23] Worauf dies gemeinhin hinauslief, habe ich ja bereits an anderer Stelle deutlich gemacht.

[24] Nach Prof. K. Vojta; durch Druck auf bestimmte Punkte am Körper versucht der Therapeut, Reflexe beim Patienten auszulösen (ich persönlich konnte allerdings niemals eine Reaktion an mir bemerken).

[25] Wobei die Krankengymnastin mich aufforderte, soweit als möglich mitzutun.

kengymnasten festgeschnallt und anschließend mittels eines Elektromotors in die Senkrechte gebracht werden.

Themenwechsel. Im Anfangsstadium meiner Erkrankung habe ich – sobald der erste Schock überwunden war – täglich um Gottes Beistand gefleht. Als gläubiger Christ war ich auch nahezu hundertprozentig davon überzeugt, Gott würde mir schon irgendwie wieder aus dieser schrecklichen Lage heraushelfen, in die ich da unversehens hineingeraten war.

Doch als es immer länger dauerte, ohne daß sich etwas Wesentliches an meinem entsetzlichen Zustand veränderte und ich auf meine verzweifelten Gebete nicht die geringste Spur einer Antwort erhielt, wurde mein Verhältnis zu *Ihm* doch um einiges distanzierter.

Nicht, daß ich Gottes Existenz angezweifelt hätte – nein soweit ging das gewiß nicht. Dafür war ich zu sehr in meinem Glauben verwurzelt. Es war für mich eher so ein Gefühl, als wenn ein guter Freund, mit dessen Unterstützung ich eigentlich fest gerechnet hatte, mich unversehens im Stich lassen würde. Diese abgrundtiefe Enttäuschung über das Ausbleiben der Hilfe Gottes wurde in diesen Tagen zeitweise geradezu übermächtig in mir. Noch heute kann ich nicht ganz meine Frustration darüber verhehlen, daß *Er* mich in dieser entsetzlichen Situation nahezu völlig alleine gelassen hat.

Später habe ich mir überlegt, daß ganz sicher die Unterstützung, die uns seither von allen möglichen Seiten zuteil geworden ist, auch nicht selbstverständlich war, aber ein bißchen mehr direkten Beistand von ganz oben hatte ich mir – Karin sieht das gewiß ebenso – insgeheim schon erhofft.

Außerdem setzte ich mich noch ständig mit der damals für mich zentralen und doch gleichzeitig so sinnlosen Frage *Warum* auseinander. Es wollte mir einfach nicht einleuchten, daß das Ganze nur „einfach so" passieren konnte. Was hatte es dann überhaupt noch für einen Sinn, den Segen Gottes zu erflehen, wenn im entscheidenden Moment seine Hilfe ausblieb? Zweifellos wird jetzt so mancher, der diese Zeilen liest, denken, er macht es sich hier etwas zu einfach, doch so einfach waren nun einmal die Dinge für mich geworden.

Mit dieser sinnlosen Frage haben sich wohl auch schon unzählige Menschen vor mir in einer ausweglosen Situation auseinander gesetzt. Mich jedenfalls brachte sie zu jener Zeit des öfteren an den Rand der Verzweiflung und endete unweigerlich in einem Tränenmeer. Richtig begreifen wird man dies alles wohl erst in einer anderen Welt.

Mir ist natürlich klar, daß gerade die letzten Abschnitte sehr emotionsgeladen sind. Manches sehe ich heute etwas anders. Da sich aber darin genau meine damalige innere Verfassung widerspiegelt, habe ich sie im Prinzip nie verändert.

In jener Zeit habe ich mich etliche Male mit dem Gedanken an Selbstmord auseinandergesetzt, was ja auch in der ausweglosen Situation nicht weiter verwunderlich war. Allerdings hatte ich lange Zeit keinerlei Möglichkeit, etwas derartiges auch in die Tat umzusetzen, ich bin absolut sicher, sonst hätte mich nichts davon abbringen können, das böse Spiel zu beenden.

Später, als ich durch den Elektrorolli dazu in der Lage gewesen wäre, dem Leben ein Ende zu setzen, hatte ich zuviel Angst, mit einem fehlgeschlagenen Suizidversuch[26] meinen erbärmlichen Zustand nur noch zu

---

[26] Es wäre mir ja auch damals lediglich möglich gewesen, mich mitsamt Rollstuhl eine Treppe hinab zu stürzen.

verschlimmern. Inzwischen waren auch die unerträglichen Schmerzen in den Gelenken und den Armen verschwunden, die mir etliche Monate das Leben zur Hölle gemacht hatten. Heute ist Selbsttötung kein Thema mehr für mich. Vielleicht ist es für einen Außenstehenden kaum zu verstehen, aber ich habe durchaus wieder Freude am Dasein gefunden.

Im Laufe der 26 Monate, die ich in neurologischer Intensivstation und Rehaklinik zugebracht habe, mußte ich jedoch dreimal erleben, daß es ein Mensch vorzog, einem grausamen Schicksal durch einen schnellen Sprung aus dem Fenster zu entkommen.

Besonders an eine Begebenheit kann ich mich im Zusammenhang mit Selbstmordgedanken bei mir noch sehr genau erinnern. Es war im Juli 1990, zu einer Halsuntersuchung hatte man mich in eine Klinik nach Frankfurt gefahren. Nach der Untersuchung bat die Ärztin zunächst meine Frau um eine Unterredung unter vier Augen. Dann kam sie zu mir und sagte, anscheinend um mich zu trösten, sie kenne einen ähnlichen Fall und der Mann sei immerhin nach vier Jahren in der Lage, sich mit zwei Zivildienstleistenden selbst zu behelfen. Da ich am Anfang der Erkrankung stand und noch voller Illusionen war, eine geradezu niederschmetternde Aussage. Wenn ich gekonnt hätte, wäre ich wohl augenblicklich aus dem Fenster des Hochhauses gesprungen.

Diese Frau hat in meinen Augen ihren Beruf verfehlt, an ihr ist mit Sicherheit „eine gute Psychologin" verlorengegangen.

Kurze Zeit später habe ich übrigens den Mann, von dem da die Rede war, kennengelernt. Er hatte einen Nervenzusammenbruch erlitten und lag einige Wochen in der Neurologie ausgerechnet im Bett neben mir. An Armen und Beinen gelähmt und stumm, genau wie ich. Er bediente ebenfalls mit dem Daumen einen PC. So konnte ich gewissermaßen meine Zukunft teilweise schon damals voraussehen.

Häufig war ich in den ersten beiden Jahren vollkommen verzweifelt. Als ich mit der Zeit feststellen mußte, daß alle Anstrengungen der Therapeuten und auch meinerseits nicht sonderlich viel bewirkten, wurde meine Stimmung natürlich nicht gerade positiver. Meine Frau hatte mir damals in Berlin ein sehr schönes Gedicht besorgt mit der Überschrift: „Du kannst alles erreichen". Die ganze Zeit hing es über meinem Bett, so daß ich es ständig vor Augen hatte, und ich versuchte, mich mit aller Kraft danach zu richten, doch am Ende meines Klinikaufenthaltes kam es mir schon beinahe wie ein Hohn vor, und ich konnte es nicht mehr sehen.

In manchen Augenblicken war in mir nur Platz für maßlose Enttäuschung, Mutlosigkeit, Erbitterung und unendliche Traurigkeit. Ich bin von Natur aus nicht besonders heldenhaft veranlagt, aber mit dieser entsetzlichen und scheinbar ausweglosen Situation war ich völlig überfordert. Doch nun genug Trübsal geblasen, zurück zum eigentlichen Geschehen.

Zunächst lag ich wie gesagt in einem Einzelzimmer. Das war mir – da ich sehr oft weinte – gerade recht. Als man mich schließlich in einen Gemeinschaftsraum verlegen wollte, war meine Begeisterung deshalb natürlich nicht sonderlich groß, doch ich konnte ja letztendlich gar nichts dagegen tun.

Zusammen mit drei jungen Männern lag ich jetzt in einem größeren Raum. Langsam begann ich mich wieder etwas mehr für die Umwelt zu interessieren.

Unter meinen ersten Zimmernachbarn fiel mir ein junger Mann namens Mario besonders auf. Er hatte als 18jähriger eine Gehirnblutung erlitten und lag nun schon das dritte Jahr auf der Neurointensiv. Alle mochten ihn sehr gerne. Ich erinnere mich, daß die ihm zugeteilte Gymnastin zu seiner Verabschiedung sogar eine kleine Bauchtanzvorführung organisierte.

Ihm verdanke ich mein erstes Lachen, seit es mich Ende April 90 so unversehens getroffen hat. Er war zwar durch seine Behinderung bedingt den ganzen Tag still, doch im rechten Moment kam immer eine passende Bemerkung von Mario, man wartete schon förmlich darauf.

Für lange, lange Zeit lagen jedoch Lachen und Weinen bei mir noch sehr nahe beieinander. Es konnte durchaus vorkommen, daß ich mich über einen gelungenen Scherz halbtot lachte und schon im nächsten Augenblick durch eine Bemerkung an meine Lage erinnert wurde und hemmungslos zu schluchzen begann.

Im Juli konnte ich zum ersten Mal mein Bett verlassen und im Rollstuhl Platz nehmen. Das wurde erst realisierbar, nachdem die Klinik einen Lifter angeschafft hatte, denn ich gehöre mit meinen 1,86 nicht gerade zu den kleinen Leuten und als Leichtgewicht würde ich mich auch nicht unbedingt bezeichnen. Ziemlich genau eine Stunde hielt ich damals durch, dann tat mir mein Hinterteil so weh, daß ich es nicht mehr ertragen konnte.

Die Krankengymnasten setzten mich von nun an immer häufiger in den Stuhl und irgendwann fing Karin damit an, mich jeden Abend anzuziehen, damit ich im Sitzen zu Abend essen konnte.

Tortur

Mitte Juni fuhr man mich nach Wiesbaden in die DKD[27], um eine Kernspin-Tomographie[28] bei mir vorzunehmen. Dies wurde in mehrfacher Hinsicht eine äußerst unangenehme Erfahrung für mich.

Nachdem der Krankenwagen mit mir in der besagten Klinik eintraf, legten mich die Sanitäter auf eine Liege und verabschiedeten sich, sobald sie erfuhren, daß es noch einige Zeit dauern würde bis ich an der Reihe war. Vorläufig machte es mir auch gar nichts aus zu warten, schließlich lag ich sowieso den überwiegenden Teil des Tages im Bett herum, und hier gab es wenigstens etwas Neues zu sehen.

Nach etwa einer Stunde fuhr man mich zu dem Gerät. Zwei Männer hoben mich auf einen Tisch und mein edles Haupt wurde mittels eines Stirnbandes fixiert. Eine Frau forderte mich dazu auf, den Kopf möglichst ruhig zu halten und bereitete mich gleichzeitig auf unangenehme Geräusche vor. Dann wurde ich, mit dem Schopf voran, in eine enge Röhre geschoben.

Vom ersten Augenblick an fühlte ich mich äußerst unwohl. Bisher war mir zwar noch nie aufgefallen, daß ich unter Platzangst litt, doch plötzlich wollte ich nur noch raus aus diesem schmalen Behältnis. So ungefähr mußte sich ein Mensch fühlen, den man lebendig begraben hatte. Nach kurzer Zeit ertönte auch noch ein

---

[27] Deutsche Klinik für Diagnostik.
[28] Kernspin-Tomographie - besonders präzise und schonende, aber auch aufwendige Art der Tomographie. Soweit ich es kapiert habe, basiert diese Methode darauf, daß man dabei mit Hilfe eines sehr starken Elektromagneten die Ausrichtung der Atome im Körper vorübergehend verändert.

häßliches, sich ständig wiederholendes Knacken. Verzweifelt bemühte ich mich darum, ruhig zu bleiben, um die Prozedur nicht unnötig zu verlängern. Die Minuten schienen sich wieder einmal endlos auszudehnen. Immer dann, sobald ich Hoffnung zu schöpfen begann, die unerträgliche Tortur wäre nun zu Ende, ertönte das monotone Geräusch erneut. Endlich – das erträgliche Maß war längst überschritten – zog man den Tisch mit mir wieder aus der Röhre heraus und legte mich zurück auf die fahrbare Trage.

Nun hieß es zunächst einmal abwarten, ob die Aufnahmen gelungen waren, bevor man daran denken konnte, eine Ambulanz für den Rücktransport zu bestellen. Nachdem eine weitere Stunde vergangen war, bemerkte ich, daß die Haut auf meinem Rücken allmählich zu schmerzen begann. Es war mir sofort klar, wie es zu dem Brennen kam. Seit Stunden lag ich nunmehr auf dem Rücken, auf Tragbahren mit einem Kunststoffbezug – die Haut konnte folgedessen nicht atmen. Keiner von den Anwesenden bedachte, daß ich mich nicht im Geringsten bewegen konnte, und da es mir ja nicht möglich war, mich zu äußern, kam ich mir sehr bald wie ein Pfannkuchen in der heißen Bratpfanne vor. Es dauerte nicht allzu lange und ich schrie vor Qual.[29] Doch es half nichts, das einzige, was mein Weinen bewirkte, war, daß mir eine Schwester ein Glas Wasser anbot. Es dauerte noch recht lange, bis ich schließlich abgeholt wurde, und ich war heilfroh, als ich wieder im Bett lag.

In den zwei Jahren Krankenhausaufenthalt habe ich

---

[29] Dies tut ja ein Pfannkuchen im allgemeinen nicht, insofern hinkt mein Vergleich.

einige unangenehme Untersuchungen über mich erge-
hen lassen müssen[30], doch keine war so schlimm wie
diese.

Die ersten über einfache Ja-Nein-Fragen hinausgehen-
den Verständigungsversuche unternahmen wir anhand
einer Buchstabiertafel. Meine Frau zeigte mir darauf das
in drei Gruppen unterteilte Alphabet. Zunächst wurde
die entsprechende Buchstabengruppe ermittelt, anschließend sagte sie die darin enthaltenen Laute auf und ich
nickte oder schüttelte jedesmal mit dem Kopf.

Mitunter kam es bei dieser Art der Kommunikation
allerdings zu kleinen, uns alle beide ziemlich nervenden
Zwischenfällen. Wir wären beispielsweise einmal fast an
dem zweiten a in dem Wort „Haarwaschmittel" verzweifelt. Es dauerte endlos bis das Rätsel gelöst war.

Dann wurde es August, Frau Müller, eine Sprachthe-
rapeutin wurde eingestellt. Da ich gerade anfing, die
ersten verständlichen Laute von mir zu geben – 'allo
und Lama[31] -, genau zum richtigen Zeitpunkt.

In mühevoller Kleinarbeit versuchte sie, aus den mir
noch verbliebenen Möglichkeiten das Beste zu machen.
Zusätzlich zu den Sprach-, Zungen- und Mimikübungen
innerhalb der Logopädiestunde, erledigte ich auch noch
täglich meine „Hausaufgaben", indem ich mich in
irgendeine Ecke verzog und dort fleißig übte. Es war
mir außerordentlich peinlich, wenn mich jemand zufällig dabei ertappte. Meine Übungen mußten doch für

---

[30] Mit Nadeln in der Kopfhaut und unangenehmen Stromstößen
durch den Körper.

[31] Fragen Sie mich bitte jetzt nicht, warum ausgerechnet Lama, ich
weiß es selbst nicht so genau, jedenfalls registrierte ich stolz, daß
man mich verstand.

einen Uneingeweihten aussehen, als hätte ich „ein Rad ab", wenn ich mich einmal so respektlos ausdrücken darf.

Im Lauf der Zeit lernten wir wieder, uns auf normalem Weg miteinander zu verständigen. Auch gegenüber Dritten war ein small Talk – mit einer gehörigen Portion Geduld auf beiden Seiten – durchaus möglich geworden.

Es versetzte mir allerdings nochmals einen gewaltigen Schock, als Frau Müller mit mir eine im Rahmen der Sprachtherapie angefertigte Bandaufnahme abhörte. Was war denn das für ein undefinierbares Gestammel? Ich verstand mich ja mit einem Mal selbst nicht mehr. Wie Schuppen fiel es mir von den Augen. Nun war mir klar, weshalb meine Mitmenschen mich oft kaum verstehen konnten.

Doch sei es wie es wolle, obwohl das Sprechen bei mir bis heute recht problematisch geblieben ist und die Verständlichkeit großen Schwankungen unterliegt, ist es wirklich ein tolles Gefühl, sich anderen Menschen wieder mitteilen zu können. In vielen Situationen bleibt ein Gespräch allerdings auch zum heutigen Zeitpunkt noch völlig unmöglich für mich. Ohne Frau oder Kinder, quasi als Dolmetscher, bin ich einem Fremden gegenüber im Regelfall absolut hilflos.

Häufig funktioniert das Sprechen im Liegen wesentlich besser, so daß mir gelegentlich schon durch den Kopf schoß, mich für eine Unterhaltung einfach auf die Straße legen zu lassen. Doch Spaß beiseite, ein Phänomen sollte abschließend in diesem Zusammenhang noch kurz erwähnt werden, bevor ich mit meiner Schilderung fortfahre. Erstaunlicherweise habe ich oft viel weniger Probleme, mich zu artikulieren, sobald wir

Besuch bekommen. Ich finde absolut keine vernünftige Erklärung hierfür. Nun aber weiter im Geschehen.

Um eine Thrombose zu vermeiden, verpaßte man mir morgens und abends je eine Heparinspritze. Da durch derlei Injektionen immer ein kleiner Bluterguß entsteht, waren Bauch- und Oberschenkelbereich bald von kleinen Hämatomen übersäät. Eine Schwester meinte einmal spaßeshalber zu mir: „Wo andere Leute ihren Bauch tragen, haben Sie eine Landkarte." Nach gut einem Jahr wechselte man das Medikament und es war künftig nur noch eine Spritze am Tag erforderlich.

Später, in der Rehaklinik, setzten die Ärzte die Injektionen gar ganz ab und man verabreichte mir stattdessen zur Blutverdünnung zweimal täglich eine Aspirintablette, doch bis dahin sollten noch einige Monate vergehen.

Das Untier

Irgendwann in dieser Zeit befreite man mich endlich von der lästigen und unangenehmen Magensonde.

Einige Wochen vorher hatte Karin damit begonnen, abends Pudding und Quark an mich zu verfüttern, um zu testen, ob unterdessen wieder normale Nahrungsaufnahme für mich möglich war. Von solchen Süßspeisen hielt ich zwar vor dem Schlaganfall nicht allzuviel, in diesen Tagen wartete ich jedoch immer voller Ungeduld auf diese allabendliche Leckerei. Schließlich war es zu jener Zeit das einzige Nahrungsmittel für mich, das ich auch schmecken konnte.

An mein erstes handfestes Essen erinnere ich mich noch ganz genau. Es bestand aus Nudeln und Sosse, die

Karins Mutter zubereitet hatte. Ich war der festen Überzeugung, noch nie zuvor in meinem Leben etwas derart köstliches gegessen zu haben. Noch heute läuft mir das Wasser im Mund zusammen, sobald ich daran denke.

Zwischendurch wäre es beinahe noch dazu gekommen, daß man mir auf Grund des leidigen Personalmangels eine Sonde, die direkt durch die Bauchdecke in den Magen führt, verpaßt hätte. Ich hörte rein zufällig[32], wie das Pflegepersonal darüber diskutierte. Es ist ja auch zweifellos um einiges einfacher, den Beutel einer Magensonde aufzufüllen, als jemanden in meinem Zustand zu füttern. Mir war jedoch eines völlig klar: *Sobald du diesem kleinen Eingriff zustimmst, gibt es noch für lange Zeit Sondenkost für dich!* Abends sprachen wir den damaligen Stationsarzt darauf an, gaben ihm zu verstehen, wie wir darüber dachten, und die Sache war vom Tisch.

Dann war es endlich doch soweit, das Ding kam raus. Das war vielleicht ein herrliches Gefühl! Ich erinnere mich noch ganz genau an den Moment, in dem mich Rolf, der damalige Zivildienstleistende in der Neurointensiv, endgültig von dem dämlichen Schlauch befreite.

Die erste Zeit gab man mir aus Sicherheitsgründen nur passierte Kost. Diese sah zwar nicht sonderlich appetitlich aus, schmeckte aber schon wesentlich besser als Flüssignahrung.

Nach relativ kurzer Zeit ging man zu meiner Freude dazu über, mir Normalkost zu verabreichen. Im Regel-

---

[32] Ich hatte meine großen Lauscher stets weit aufgesperrt und war aufgrund dessen meist bestens über alle Vorgänge auf der Station informiert. Schwester Tania bezeichnete mich deshalb einmal scherzhaft als Tageblatt.

fall übernahm es nun der damalige Zivildienstleistende der kath. Gemeinde Herbstein, mich jeden Mittag zu füttern.

Mit dem Zerkleinern der Nahrung hatte ich lange Monate noch erhebliche Probleme, überwiegend hervorgerufen durch die kaum vorhandene Zungenbeweglichkeit. Dies versuchte ich jedoch weitmöglichst zu verbergen und übte verbissen mit der Zunge, um sie beweglicher zu machen. Bei meinen ersten Eßversuchen habe ich wohl so manches große Teil in einem Stück hinuntergewürgt. Heute dauert der Kauvorgang zwar immer noch recht lange bei mir, doch ganz zweifellos funktioniert die Nahrungsaufnahme insgesamt betrachtet erheblich besser als in jenen Tagen und ich bin fest davon überzeugt, damals das Richtige getan zu haben.

Da man als hirngeschädigter Patient täglich eine gehörige Portion Medikamente schlucken muß, ist es auch ausgesprochen wichtig, jeden Tag eine bestimmte Mindestmenge an Flüssigkeit aufzunehmen. Mit Getränken hatte ich aber eigentlich von Beginn an keine größeren Schwierigkeiten.[33] Allerdings bin ich beim Trinken auch heute noch auf einen Trinkhalm angewiesen, da ich den Schluckvorgang ohne Halm kaum koordinieren kann.

Es muß wohl Mitte September gewesen sein, als mich eine kleine Begebenheit wieder einmal völlig die Fassung verlieren ließ. Es ging dabei um eine Unterschrift von mir. Doktor Neumann machte Karin in meinem Beisein den – sicher gut gemeinten – Vorschlag, eine

---

[33] Am einfachsten war und ist für mich das Schlucken von Milchgetränken aller Art, höchstwahrscheinlich aufgrund ihrer etwas festeren Konsistenz.

Pflegschaft für mich zu beantragen, dies würde doch einiges für sie sehr vereinfachen. Für einen Augenblick hatte ich das Gefühl, ein Abgrund tut sich vor mir auf. Der Gedanke, daß jemand auf die Idee kam, mich – aus welchen Gründen auch immer – entmündigen zu lassen, denn darauf lief das doch letztendlich hinaus, war einfach niederschmetternd für mich. Meine Frau dachte Gott sei Dank nicht im entferntesten daran, auf den Vorschlag einzugehen, und die Angelegenheit war schnell wieder vergessen. Erst lange Zeit danach, während ich dies niederschrieb, fiel mir die Geschichte wieder ein.

Der nächste Schritt nach vorne waren meine ersten Kontakte mit dem Computer. Damals ahnte ich allerdings noch nicht im geringsten, wie unerhört wichtig das Gerät einmal für mich werden würde.

Zunächst bediente ich den Rechner mit einem Sensor der neben meinem Kopf angebracht wurde. Ein Kontakt mit der Sensoroberfläche löste einen Impuls aus, der an eine „Tastatur auf dem Bildschirm" weitergeleitet wurde. Um einen Buchstaben auf das Papier zu bringen, mußte ich also jedesmal den Kopf im richtigen Augenblick drehen und den Sensor berühren. Später konnte ich dann glücklicherweise den linken Daumen im Zusammenspiel mit einem sogenannten Okaysensor[34] zu diesen Zweck einsetzen.

Mittels der wiederholten Durchführung einiger Lern- und Konzentrationsspiele machte mich die Sozial-pädagogin behutsam mit dem PC und der mir noch

---

[34] Im Grunde genommen ist so ein Sensor nichts anderes als ein Mikroschalter zwischen zwei Metallplättchen, der mit dem PC verbunden ist.

verbliebenen Möglichkeit, ihn zu bedienen vertraut. Allmählich wurde mein Interesse geweckt.

Gleichzeitig wurde bei dieser Gelegenheit jedoch auch mein inzwischen arg mitgenommenes Denkvermögen ein wenig auf Vordermann gebracht. Wie es damit zu jener Zeit ausgesehen hat, wurde mir erst vor kurzem nochmals richtig bewußt, als ich meine ersten Briefe durchgesehen habe.

Noch eine Zwischenbemerkung. Ich halte es in meinem Fall mit für den größten Verdienst der neurologischen Klinik in Herbstein, daß man mir dort den Umgang mit dem Computer ermöglicht und damit völlig neue Wege eröffnet hat.

Da kommt mir gerade noch etwas in den Sinn, das mich damals gewaltig genervt hat. Im ersten Sommer gab es anscheinend ein geheimes Abkommen zwischen sämtlichen Krankenhausfliegen, meine Arme als Landebahn zu benutzen. Da ich mich in keiner Weise zur Wehr setzen konnte, war das ungeheuer lästig. Im folgenden Jahr hatte ich eine ähnliche Sache durchzustehen, über die wir zwar im nachhinein viel geschmunzelt haben, die mir jedoch an diesem bewußten Tag überhaupt nicht lächerlich vorkam.

Es war, soweit ich mich erinnere, im September 91, da ich inzwischen durch den elektrischen Rollstuhl wieder einigermaßen mobil geworden war, fand man mich des öfteren nachmittags bei schönem Wetter auf dem Balkon der Station. Eines Tages befand ich mich dabei urplötzlich in Gesellschaft einer Wespe. Das liebe Tierlein umkreiste mich einmal, inspizierte mich und landete ausgerechnet auf meiner Nasenspitze.[35] Starr

35 Mein Herz befand sich inzwischen auf dem direkten Weg in meine Hose.

vor Schrecken – ich wagte kaum zu atmen – beobachtete ich, wie sie jeden Punkt ihres Landeplatzes eingehend zu untersuchen schien. Einmal sah sie mir sogar direkt in die Pupillen, jedenfalls kam es mir in diesem „entsetzlichen" Moment so vor.

Die Minuten schienen sich zu Stunden auszudehnen. Der Angstschweiß stand mir auf der Stirn. Da endlich erhob sich das Untier, drehte eine letzte Ehrenrunde und flog auf Nimmerwiedersehen davon. Fluchtartig verließ ich den Balkon. In den nächsten Tagen mied ich ihn wie die Pest, doch ich will mich bemühen, der Reihe nach weiter zu erzählen, soweit war es noch lange nicht.

Im November konnte ich erstmals die Klinik verlassen, um nach Hause zu fahren. Himmel, war das vielleicht schwer! An allen Ecken und Enden wurde ich an mein ehemals so wunderbares Leben erinnert. Es war fast mehr, als ich meinte ertragen zu können. Doch gleichzeitig bereitete es mir natürlich sehr viel Freude, endlich[36] wiedereinmal in die vertraute Umgebung zurückzukehren. Viel zu schnell waren die paar Stunden wieder verflossen.

Mein Schwager Reinhard hatte für uns von irgendwoher einen schon etwas betagten Hydrauliklifter aufgetrieben. Damit ist ein Aufenthalt in den eigen vier Wänden zur damaligen Zeit für mich überhaupt erst möglich geworden.

Unsere ersten Versuche mit dem Apparat waren jedoch noch ziemlich aufregend. Ich denke dabei hauptsächlich an einen besonders Originellen. Trotz der Mithilfe von Schwägerin Christa und Schwager Reinhard dauerte es, glaube ich mich zu erinnern, eine

---

[36] Nach sechseinhalb Monaten in der Neurointensivstation.

geschlagene Stunde, bis ich vom Rollstuhl ins Bett gehievt war und am Ende lag ich auch noch gerade verkehrt herum darinnen.

Das erste Mal holte mich Karin, wie eben schon kurz angedeutet, lediglich einen Sonntag nach Hause. Diese Stippvisite würde ich im Rückblick eher als eine Art Test bezeichnen. Wir stellten fest, daß der Aufwand, bei so eng gestecktem Zeitrahmen, fast nicht lohnte.

Bei meinem nächsten Kurzurlaub versuchten wir daher, die Einwilligung des Chefarztes für eine Übernachtung zu bekommen. Diese wurde auch gegeben und an Weihnachten waren es sogar drei herrliche Tage, die ich zu Hause bleiben durfte. Es war zu schön, endlich wieder einmal eine etwas längere Zeitspanne in der heimischen Atmosphäre zu verweilen. Alle gaben sich natürlich auch die größte Mühe, mich zu verwöhnen. Es ist mir am zweiten Weihnachtsfeiertag deshalb verteufelt schwer gefallen, erneut in den Klinikalltag zurückzukehren.

Allmählich beherrschte meine Frau den Lifter immer besser. Es war zwar immer noch die Mithilfe von mindestens einer Person beim Umsetzen erforderlich, doch kein Vergleich mehr zu unseren ersten, noch sehr abenteuerlichen Experimenten mit dem Gerät.

Nachdem ich endgültig nach Hause entlassen wurde, stellte uns die AOK ein elektrisches Hebegerät zur Verfügung, und es ist relativ einfach geworden, meinen Revuekörper hin und her zu befördern. Im Normalfall kann das nun eine Person, die sich mit der Handhabung des Gerätes auskennt, allein erledigen.

Menschen

Mir fällt gerade auf, daß ich bis jetzt im Großen und Ganzen immer nur über mich gesprochen habe. Ich denke, es ist langsam angebracht, einmal von den Menschen zu reden, die sich den ganzen Tag um uns Kranke bemühten. Die Ärzte, Schwestern, Pfleger, Krankengymnasten, die Logopädin und die Sozialarbeiterin.

Viele hatten so ihre kleinen Besonderheiten. Mit der Zeit gelang es mir auch, die einzelnen ganz gut einzuschätzen, denke ich. Besonders natürlich diejenigen, mit denen ich Tag ein Tag aus in Berührung kam, also in erster Linie die Pflegekräfte. Ich hoffe, es ist mir niemand gram, wenn ich nun ein bißchen aus der Schule plaudere.

Da war zum Beispiel die stets freundliche Schwester Sandra mit ihrer Engelsgeduld. Nicht einmal habe ich in den langen Monaten erlebt, daß sie bei irgend einer Gelegenheit die Fassung verloren hat.

Oder etwa Schwester Renate mit ihrem außergewöhnlich trockenen Humor. Bei ihr fühlte ich mich stets besonders gut aufgehoben.

Schwester Anne war – ich will es einmal so formulieren – nicht gerade auf den Mund gefallen. Sie hielt lange Zeit den Spitzenplatz auf meiner Beliebtheitsskala. Wenn mich die Erinnerung nicht trügt, hat sie sich seinerzeit besonders dafür eingesetzt, mir wieder normale Nahrung zu verabreichen.

Sehr ehrgeizig war Schwester Veronica, auch Schwester „Rabiata" genannt. Die Genauigkeit und Zuverlässigkeit in Person, würde ich mal behaupten. Sie machte jedoch meist – wie ihr Spitzname schon andeutet – nicht viel Federlesen, sondern hatte es immer eilig. Scherzhaft könnte man sagen: Sie hatte beim Laufen stets den dritten Gang eingelegt. Einmal beispielsweise kam sie mit einem solchen Affenzahn um die Ecke gefegt, daß ich ausgesprochen heftig mit ihr kollidierte. Glücklicherweise kamen wir alle beide damals mit einem gehörigen Schrecken davon, doch künftig hielt ich mich mit meinem Fahrzeug möglichst immer in der Mitte des Flurs, um eine erneute Karambolage mit ihr zu vermeiden. Gelegentlich – wenn ich bemerkte, daß sie nicht gerade bester Stimmung war – hatte ich auch schon einmal das Gefühl: Robert, heute ziehst du besser deinen Kopf ein.

Ein nicht gerade angenehmes Erlebnis erinnert mich an Schwester Hilde. In der Regel kam ich zwar gut mit ihr zurecht, doch mitunter hatte sie, sagen wir mal etwas seltsame Einfälle. Eines schönen Tages bekam ich, als sie mich im Genitalbereich wusch, eine Erektion.[37] Anstatt einfach einen Moment abzuwarten, bis sich mein Glied wieder von alleine beruhigte, meinte sie diesen Vorgang beschleunigen zu müssen, indem sie meinen Intimbereich mit Franz-Branntwein netzte. Es brannte wirklich höllisch, das können Sie mir glauben. In diesen Sekunden kam sich mein Penis gewiß wie eine Bratwurst auf dem Rost vor. Ich weiß nicht, was die gute Frau sich dabei gedacht hat, vermutlich sehr wenig.

Eine etwas längere Passage möchte ich Schwester Ellen[38] widmen. Sie engagierte sich – wie ich vernahm und leider auch am eigenen Leib verspüren mußte – für

---

[37] Ein Vorgang, der sich ja kaum beeinflussen läßt.

[38] Sie strahlte nicht gerade Warmherzigkeit aus, im Gegenteil, sobald sie an mein Bett trat, hatte ich das Gefühl – bitte nicht allzu böse sein – ein Kühlschrank geht auf.

unsere Umwelt. Leider, wieso denn leider, werden Sie jetzt sicher fragen? Im allgemeinen ist ja gegen ein Umweltengagemt nichts einzuwenden, doch einmal ging sie damit für meinen Geschmack entschieden zu weit, als sie mich nämlich um zwei Uhr nachts kalt wusch, nur um etwas Energie und ein paar Liter Wasser einzusparen.

Dies wurde sowieso die *„Nacht der langen Messer"* für mich. Um 23.30 Uhr, ich schlief ausnahmsweise schon tief und fest, kam sie zu mir, um Blutdruck und Puls zu prüfen. Eine halbe Stunde später – gerade schlummerte ich wieder ein – war Rasieren an der Reihe und gewaschen wurde ich, wie schon gesagt, so gegen 2.00 Uhr mit höchst angenehm temperiertem Wasser. Natürlich war damit für den Rest der Nacht das Thema Schlaf für mich erledigt.

Gewissermaßen war meine anschließende Beschwerde über diese Nacht jedoch der Auslöser dafür, daß man dazu überging, ansprechbare Patienten künftig am Tag zu waschen.

Bücher und Videos brachte mir des öfteren Pfleger Hans-Peter, ein baumlanger, muskelbepackter und ausgesprochen netter junger Mann mit.

Pfleger Johannes bewaffnete sich jedesmal mit einer mehr als ausreichenden Menge Franz-Branntwein, sobald er in die Nähe meines Bettes kam. Allen Pflegekräften war nämlich hinlänglich bekannt, daß ich eine „Vorliebe" für Abreibungen mit dieser edlen Flüssigkeit hatte. So manchesmal hat er mich damals mit seinen etwas derben Späßen aus einer trüben Laune herausgerissen. Ich erinnere mich, daß ich oft schon lachen mußte, wenn ich seiner ansichtig wurde.

Grundsätzlich muß ich hier einmal feststellen, daß

sich der überwiegende Teil der Intensivbesatzung darum bemühte, mich von meiner zeitweise sehr depressiven Stimmung zu befreien. Doch es gab auch Ausnahmen, darauf werde ich in Kürze noch einmal zurückkommen.

Dieser Abriß wäre ganz gewiß nicht vollständig, wenn ich schließen würde, ohne Schwester Tania zu erwähnen. Eine starke Persönlichkeit voller Elan, Frohsinn und Tatkraft. Zuhören konnte sie außerdem auch noch ausgezeichnet, wenn es einmal vonnöten war. Kurzum, sie war eben so, wie man sich wohl allgemein die ideale Krankenschwester vorstellt. Ein paar Wochen nachdem ich die Neurointensiv in Richtung Rehaklinik verlassen konnte, hat man sie auch folgerichtig mit der Stationsleitung beauftragt, wie ich später erfahren habe.

Diese Aufzählung könnte ich sicherlich ohne in Bedrängnis zu geraten noch eine zeitlang fortsetzen, trotzdem möchte ich es einmal dabei belassen.

Zuguterletzt jedoch noch ein Wort zu den Zivildienstleistenden, die ich damals kennenlernte. Durchweg nette Jungs. Man konnte ihnen anmerken, daß sie ihrer Tätigkeit als Pflegehelfer gerne nachkamen. Besonders Rolf fiel mir angenehm unter ihnen auf. Er übte damals, soweit ich das mitbekommen konnte, nahezu normalen Dienst wie ein Pfleger aus und war mit viel Freude bei der Arbeit. Er hat auch später, nachdem sein Zivildienst abgeschlossen war, diesen Beruf gewählt und somit nochmal ganz von vorne begonnen.

Ich kann es, nach meinen Erfahrungen, nur bewundern, wenn ein junger Mann den Mut besitzt, sich für den Ersatzdienst zu entscheiden. Mir war bei der damaligen politischen Lage und dem offensichtlichen Personalmangel in den Kliniken sowieso nicht ganz klar, warum man es nicht bei jedem Jugendlichen freudig begrüßte, wenn er sich zum Zivildienst entschlossen hatte.

Eineinhalb Jahre danach mußte ich allerdings diese Aussage wieder etwas relativieren. Inzwischen hatten wir einen schrecklichen Krieg im vormaligen Jugoslawien und auch in der ehemaligen Sowjetunion eskalierte die Lage zusehends. Ich schweife aber schon wieder ab.

In jenen Tagen war man auf der betreffenden Station ziemlich knapp mit Pflegekräften besetzt. Das hat sich zwar – wie ich vernommen habe – inzwischen geändert, ich befürchte jedoch, daß es innerhalb der gesamten Krankenpflege über kurz oder lang zu einem Kollaps kommen wird. Vieles von dem, was ich in den vergangenen Jahren mitbekommen konnte, deutet darauf hin. Kaum ein junger Mensch ist heutzutage – bei den vorgegebenen schlechten Rahmenbedingungen – noch bereit, den Pflegeberuf zu erlernen und auszuüben.

Zur Personalknappheit im Bereich der Pflege kam zusätzlich noch ein unübersehbarer Mangel an Ergotherapeuten. In der neurologischen Abteilung war jedenfalls in den gut eineinhalb Jahren meines Aufenthaltes kein Einziger zu sehen. Statt sinnvoll beschäftigt zu werden, mußten deshalb viele Kranke oft stundenlang vor sich hin dösen oder die Wände anstarren.

Die anderen Therapeuten bemühten sich zwar zum Teil, diesem mißlichen Zustand etwas abzuhelfen, das war jedoch nicht viel mehr als der berühmte Tropfen auf den heißen Stein. Wie ich vom Chefarzt erfuhr, hing es natürlich wieder einmal am lieben Geld, – wie könnte es auch anders sein. Hier sollte jedoch vom Sozialministerium dringenst Abhilfe geschaffen werden. *Dieser Zustand ist einfach unerträglich!* Ich bin mir absolut sicher: Jeder

der Gelegenheit gehabt hätte, die hilflosen Kranken über einen längeren Zeitraum zu beobachten, wäre unweigerlich zur gleichen Ansicht gelangt.

Doch nun wieder zu etwas anderem. In meiner Familie war natürlich im Laufe dieser Monate alles total durcheinander geraten. Alle Zukunftspläne – wir hatten über Jahre im voraus geplant – wurden mit einem „Schlag" gegenstandslos.

Unsere Kleine – damals acht Jahre alt, war unmittelbar Zeuge meines Schlaganfalles gewesen und hatte natürlich erhebliche Mühe, das Ereignis zu verarbeiten. Der Junge – im Jahre 1990 Vierzehn, war in einer schwierigen Entwicklungsphase[39] und wollte meine Erkrankung einfach nicht zur Kenntnis nehmen. Monika, die Älteste schließlich, stand zum damaligen Zeitpunkt mitten im Abitur, und der Vorfall hob natürlich nicht unbedingt den Notendurchschnitt bei ihr an.

Karin mußte plötzlich den ganzen Laden alleine schmeißen und hatte auch noch zusätzlich einen kranken Mann am Hals. Doch sie meisterte alles mit Bravour. Wenn ich ganz ehrlich bin, hätte ich ihr vieles gar nicht zugetraut. Nur mal ein Beispiel, sie besaß zwar den Führerschein, hatte aber seit vierzehn Jahren – von gelegentlichen Ausnahmen abgesehen – kein Auto mehr gesteuert. Plötzlich ging dies jedoch auf Anhieb verhältnismäßig gut und sogar den Winter neunzig, einundneunzig – er war außergewöhnlich schneereich – meisterte sie ohne große Schwierigkeiten. Jeden Abend saß sie bei mir am Krankenbett im 30 km entfernten Herbstein.

Als hätten wir nicht schon mehr als genug Probleme

---

[39] Man könnte auch Superflegelalter dazu sagen.

am Hals, kam in dieser Zeit auch noch ständig irgend etwas Unangenehmes hinzu. Verwandte, Freunde und Bekannte halfen zwar, wo sie nur konnten, aber manchmal wurde es schier zuviel für meine Frau. In der Intensivstation hing an der Wand ein Spruch, den wir früher viel belächelt haben, er lautete folgendermaßen:

Und aus dem Chaos sprach eine Stimme:
Lächle und sei froh, es hätte schlimmer kommen können.
Ich lächelte und war froh und es kam schlimmer.

Seit diesen Tagen konnten wir nur noch sehr gequält darüber lachen.

Zu allem Überfluß machte sich damals auch noch die Spastik bei mir immer deutlicher bemerkbar. Die Dosis des Medikamentes, das die Ärzte mir verabreichten, um sie zu dämpfen (Lioresal), mußte alle paar Monate erhöht werden, bis die Obergrenze dessen, was man verantworten konnte, erreicht war. Zeitweise[40] versuchten die Doktoren mit meiner Einwilligung, das Quantum noch etwas zu erhöhen, doch sobald ich nur eine halbe Tablette[41] zusätzlich erhielt, fühlte ich mich ständig wie im Halbschlaf. Ich war plötzlich auch unfähig, meinen linken Arm anzuheben, hatte überhaupt keine Kontrolle mehr über meine Lippen[42] und den Kopf konnte ich kaum für längere Zeit oben behalten. Lange Rede, kurzer Sinn: *Es war einfach unsäglich!* Auf meinen Wunsch hin kehrte man jedesmal umgehend wieder zu der alten Dosierung zurück.

---

[40] Auch später in der Rehaklinik.
[41] Bei dieser Gelegenheit möchte ich einmal erwähnen, daß ich für einen längeren Zeitraum gezwungen war, über 20 Tabletten pro Tag herunterzuwürgen.
[42] Dies hatte Speichelfluß zur Folge.

Das war eine schlimme Zeit für uns, da war es manchmal schon verflixt schwer, nicht ständig nur trübsinnig zu sein. Zu Karin habe ich damals einmal gesagt: *„Es gibt immer noch ein paar Menschen, die schlechter dran sind als wir, doch es werden ständig weniger."*

Meine Umgebung war auch hier – in der neurologischen Intensivstation – nicht gerade dazu geeignet, Freude aufkommen zu lassen. 80% meiner Mitpatienten, würde ich einfach mal behaupten, besaß keine Chance mehr auf ein halbwegs normales Leben. Recht drastisch wurde einem vor Augen geführt, was es unter Umständen bedeuten kann, wenn in der Presse wieder einmal lapidar die Rede von Schwerverletzten ist.

Gewöhnlich denkt man doch unwillkürlich: „Die sind noch einmal mit einem blauen Auge davongekommen." Das war zumindest gemeinhin das, was mir in den Sinn kam, bis ich erkrankte. Was schwerverletzt sein allerdings möglicherweise bedeuten kann, konnten wir von nun an am Beispiel meiner Leidensgenossen tagtäglich sehen und hören.

Schicksale

Sobald man die neurologische Intensivstation betrat, befand man sich zunächst einmal in einem langen Flur, indem unter anderem Besucherraum, Aufenthaltsraum des Pflegepersonals und ein Krankenzimmer einmündeten. Am Ende dieses Flures – hier machte ich übrigens die ersten Fahrversuche mit dem Rolli – kam man zu vier offenen Räumen, in denen die Patienten (11–12 an der Zahl) untergebracht waren.

In den 21 Monaten meines Aufenthaltes konnte ich dort 22 kranke Menschen „kennenlernen". Drei von ihnen haben es geschafft – wenn ich mich richtig erinnere – halbwegs mit heiler Haut davonzukommen, fünf sind verstorben und der Rest waren Dauerpflegefälle, die zum überwiegenden Teil im Koma lagen. Ja wenn man in die Neurointensiv verlegt wurde, war es meist schon fünf nach zwölf. Soviel vorweg zu meinem damaligen Umfeld.

Es war teilweise schon recht deprimierend für mich, miterleben zu müssen, wozu ein Hirngeschädigter im Anfangsstadium unter Umständen fähig ist. Mehr als einmal bekam ich beispielsweise mit, daß sich ein Mitpatient von Kopf bis Fuß mit dem eigenen Kot einrieb. Nervend war auch, wenn jemand beim geringsten Anlaß lauthals schrie.

In den letzten Monaten meines langen Aufenthaltes in der Neurointensiv machte ich die Bekanntschaft eines älteren Herrn, der von morgens bis spät abends nichts anderes im Sinn hatte als alle mit seinem ständigen, durchdringenden Hallo, Hallo zu beglücken. Sein direkter Bettnachbar – er war sowieso etwas empfindlich – drehte manchmal beinahe durch.

Um die verschiedenen Symptome einer Hirnverletzung irgendwelcher Art aufzuzeigen, währe wohl ein eigenes Buch notwendig. Deshalb möchte ich mich in meiner Schilderung im wesentlichen auf die Menschen beschränken, mit denen ich längere Zeit zusammen war, in erster Linie auf meine direkten Zimmernachbarn.

Beginnen möchte ich mit der Krankengeschichte des Herrn Franz, geschätztes Alter: Ende Sechzig. Soviel mir bekannt wurde, zog er sich seine Verletzung bei einem Treppensturz zu.

Man konnte ihn ursprünglich durchaus ansprechen. Zwar war er nicht dazu zu bewegen, die Augen zu öffnen, doch auf einfache an ihn gerichtete Fragen gab er stets vernünftige Antworten. Mit der Zeit wurden jedoch seine Äußerungen immer spärlicher und eines schönen Tages sagte Herr F. keinen Pieps mehr.

Nach ein paar Monaten entschlossen sich die Ärzte dazu, ihn nach Hause zu verlegen, wo seine Frau die weitere Pflege übernehmen wollte. Kurze Zeit später erfuhren wir von seinem Ableben. Genau einen Tag nachdem er heimgekehrt war, hatte sich der alte Knabe schon aus dem Staube gemacht.

Mein Bettnachbar war für viele Monate Ernst. Ein Junge von 21 Jahren, der das Opfer eines Verkehrsunfalls geworden war. Lange lag er noch wie im Halbschlaf. In dieser Phase war der junge Mann äußerst aggressiv. Sobald er jemanden am Arm packen konnte, kniff er fest in diesen hinein oder biß kräftig zu. Nie werde ich das Bild vergessen, als er damals seiner völlig fassungslosen Freundin den Finger blutig gebissen hatte und das Mädchen weinend die Station verließ.

Seine Umwelt beobachtete er in diesem Stadium vorwiegend durch halbgeschlossene Augenlieder. Machmal beschäftigt er sich mit einem imaginären Gegenstand, den er vor seinen Augen hin und her bewegte. Er hat leider nie so recht in die Realität zurückgefunden.

Häufig lag er später teilnahmslos im Bett oder starrte in seinem Rollstuhl Löcher in die Luft. Es gab gewiß auch Ausnahmen, aber die waren sehr dünn gesät. Therapie war oft gar nicht machbar, da er keine allzugroße Bereitschaft zeigte, dabei mitzutun. Lediglich am Abend, sobald seine Eltern auftauchten, wurde er etwas mobiler. Der arme Junge war durch seine

Hirnverletzung ziemlich antriebsarm geworden. Ich gehe trotzdem davon aus, ein Ergotherapeut wäre für Ernst sicherlich nicht das Schlechteste gewesen.

Dazu kam noch – welch eine Ironie, daß er unter einem unstillbaren Hungergefühl litt.[43] Eine Ironie deshalb, da er seit seinem 12. Lebensjahr auch noch zuckerkrank und somit auf die Zufuhr genau abgemessener Nahrungsmittelmengen angewiesen war.

Der Nächste im Bunde wäre Hans. Er war – zum Zeitpunkt unserer ersten Begegnung – 35 Jahre alt. Ebenfalls das Opfer eines Verkehrsunfalls, allerdings vermuteten seine Eltern, daß der Unfall auf Grund privater Probleme nicht ganz unbeabsichtigt geschah.

Lange Zeit erschien es mir so, als wäre er der einzige von uns, der mit relativ heiler Haut davon kommen würde. Zwar wurde auch er eine zeitlang beim geringsten Anlaß aggressiv, dies kann man jedoch bei vielen Hirnverletzten anfänglich beobachten, und das legte sich auch immer mehr. Laufen konnte er innerhalb einiger Monate wieder recht gut.

Er kam dann noch vor mir in eine Rehaklinik. Später mußte ich erfahren, daß er wohl von seinen privaten Problemen wieder eingeholt wurde. Er tat zwar immer so, als würden ihn diese Dinge nicht im Geringsten belasten, doch dem war wohl ganz und gar nicht so. Offensichtlich versuchte er, sie nur zu verdrängen.

Joachim war damals 37. Ein Unfall beim Bauen seines Hauses hatte ihn in diese mißliche Lage gebracht. Zunächst ging es ihm nicht sonderlich gut, aber was

---

[43] Wenn Aussicht darauf bestand, daß er was zum Essen ergattern konnte, war der Junge nicht zu bremsen. Einmal machte er sogar vor einer Flasche Sondenkost nicht halt.

rede ich da, uns ging es ja allen ziemlich mies – mal ganz vorsichtig ausgedrückt. Naja, jedenfalls erholte er sich ebenfalls vergleichsweise schnell. Gegen Ende meines Aufenthaltes hatte Joachim „lediglich" noch eine sogenannte Wortfindungsstörung, aber auch die besserte sich zusehends. Vielleicht sollte ich diesen Begriff etwas näher erläutern, soweit mir das als Laie möglich ist. Es gelang ihm zwar anfangs nicht, ein Wort korrekt auszusprechen, aus seinem Mund kam meist nur ein undefinierbarer Kauderwelsch. Er fand einfach im wahrsten Sinn kaum mehr die richtigen Worte. Das wurde jedoch zusehends besser. Mit dem Laufen klappte es zwar ebenfalls überhaupt noch nicht, ich erwähnte ja, daß wir da alle unsere Schwierigkeiten hatten, aber auch da war klar ersichtlich, er befand sich auf dem Weg der Besserung.

Bevor ich dieses Kapitel beende, möchte ich noch zwei Schicksale beschreiben, die mich, bei all dem Leid, das ich in den letzten beiden Jahren mitansehen mußte, ganz besonders berührt haben.

Eine außergewöhnlich schreckliche Angelegenheit war wohl der Fall der kleinen Angelika. Da ich später durch die Presse ziemlich genaue Informationen über ihr Schicksal erhalten habe, möchte ich hier einmal ihre ganze Geschichte erzählen und dafür etwas weiter ausholen.

Sie war ein 17 Jahre altes, zierliches Mädchen aus einer 800 Seelen Gemeinde in Oberhessen. Eines Abends wartete sie an einem Park vor der Schule auf ihren Freund. Da begegnete ihr Ralph, ein 15 jähriger Schulkamerad. Man kannte sich zwar, doch man war sich ziemlich gleichgültig. Aus unerfindlichen Gründen begann er plötzlich, das Mädchen anzurempeln. Dann wollte er sie küssen. Sie vermutete Schlimmeres und versetzte ihm zur Abwehr eine Ohrfeige. Daraufhin prügelte er brutal auf sie ein und schleppte das wesentlich schwächere Mädchen in das Gebüsch des naheliegenden Parks. Dort hagelte es zunächst Faustschläge. Als sie das Bewußtsein verloren hatte, stieß er ihr noch – welch unvorstellbare Grausamkeit – einen Ast in den Rachen. Davon ahnte allerdings zunächst niemand etwas. Sie konnte im Krankenhaus ihre Aussage machen und alles schien wieder einigermaßen in Ordnung zu kommen. Da platzte nach circa einer Woche, bei einer auf Grund der ihr zugefügten schweren Rachenverletzungen notwendig gewordenen Mandeloperation, die Halsschlagader und sie mußte reanimiert werden. Dabei wurde die Sauerstoffzufuhr zum Gehirn unterbrochen. Schwere Schäden waren die Folge. Ich habe sie nur als zusammengekrümmtes, hilfloses Bündel zu Gesicht bekommen, gelähmt und ohne zu begreifen.[44] An ihrem Zustand hat sich, wie ich später erfahren mußte, auch nicht mehr viel verändert. *Was bewegt wohl einen jungen Menschen zu so einer unvorstellbaren Grausamkeit?*

Zwei Jahre später habe ich in der Zeitung gelesen, daß man den jugendlichen Täter zu knapp 7 Jahren Jugendstrafe verurteilt hat. Ich kann nur hoffen, daß er einmal sehen mußte, was er mit seiner unbegreiflichen Tat angerichtet hat, und daß er den schrecklichen Anblick des armen, hilflosen Kindes nie mehr vergessen kann.

Bernd erwischte es bereits mit siebzehn, er wurde eines Tages mit seinem Mofa von einem Pkw erfaßt und

---

[44] Sicherlich war es auch besser so.

lag nun das achte Jahr im Koma. Er hatte zwar meist die Augen geöffnet, doch diese blickten ausschließlich ins Leere. Nie sah man darin einen Funken Verständnis aufblitzen. Oft stand ich später mit meinem E-Rolli neben seinem Bett und sah ihm in die blicklosen Augen. Einmal – so dachte ich traurig – muß er dich doch wahrnehmen.

Seine Mutter, – sie gehörte übrigens auch zu denjenigen, die Abend für Abend in die Neurointensiv eilten, um drei Stunden lang die Betreuung ihrer erkrankten Angehörigen zu übernehmen – hat ihn etwa ein halbes Jahr nachdem ich in die Rehaklinik überwechselte, zu sich nach Hause genommen, da eine längere Behandlung in der Klinik nicht mehr bewilligt wurde.

Endgültig!

Das nächste Ereignis, das mir erwähnenswert erscheint, war die Bestellung des Rollstuhles. Solange wie irgend möglich hatte ich diese hinausgezögert, immer in der Hoffnung, es würde sich noch etwas Gravierendes an meinem Zustand verändern und der Stuhl wäre überflüssig geworden. Verbissen hatte ich versucht immer und immer wieder zu tun, was mir möglich war, doch mein Körper wollte einfach nicht mehr gehorchen. Also mußte ich letztendlich akzeptieren, daß die Order eines solchen Fahrzeugs unumgänglich geworden war.

Der damalige Stationsarzt sagte zwar zu mir, der Stuhl sei vermutlich nur für ein paar Jahre erforderlich. Allerdings konnte ich mir ohne weiteres an meinen 5 Fingern abzählen, daß dies lediglich eine fromme Lüge war. Man besorgt doch niemand einen Elektrorollstuhl für 17 000 Mark, der in wenigen Jahren wieder laufen kann. Heute ist mir natürlich klar, daß Doktor Neumann mir lediglich den „Einstieg" in den Rollstuhl etwas erleichtern wollte, da er spürte, wie schwer mir dieser Schritt fiel.

Die Informationen, die ich seinerzeit über meine Erkrankung besaß, bestanden fast ausschließlich aus Andeutungen und zufällig aufgeschnappten Bemerkungen. Dies trug natürlich nicht gerade zur Stabilisierung meiner damals sehr starken Schwankungen unterliegenden Gemütsverfassung bei. Häufig fühlte ich mich aufs Äußerste verunsichert. Was oder wem sollte ich jetzt glauben? Gewiß wäre es mir besser bekommen, hätte man sich abgesprochen und auf eine gemeinschaftliche Linie geeinigt, so oder so. Natürlich hätte ich auch selbst einmal darum nachsuchen können, daß man mich diesbezüglich informiert, doch dazu konnte ich mich in dieser Zeit nicht aufraffen.

Von großer, – ja ich möchte fast behaupten ausschlaggebender Bedeutung für mein seelisches Gleichgewicht in dieser Zeit war jedoch Frau Breuer, die mich zeitweise krankengymnastisch betreute. Mit ihr kam ich – rein menschlich gesehen – überhaupt nicht zurande. Zunächst lief noch alles prima, ich wähnte mich bei ihr in jeder Beziehung in den besten Händen.

Nach einiger Zeit bemerkte ich allerdings, daß sie keinerlei Widerspruch duldete. Einmal, als ich versuchte eigene Vorstellungen miteinzubringen – dabei handelte es sich lediglich um eine Bagatelle – bezeichnete sie mich als „aufmüpfig und widerborstig". Sie sagte dies zwar in einem scherzhaften Tonfall, man konnte jedoch unschwer erkennen, daß sie es todernst meinte.

Sicher, ich gebe ja zu, daß ihre – ich will mal sagen

kompromißlose – Haltung bei manchen Kranken auf Grund der Art ihrer Hirnschädigung und der daraus resultierenden Verhaltensweise durchaus angebracht sein kann. Ich war jedoch in geistiger Hinsicht vollkommen der Alte geblieben und fühlte mich deshalb durch diese Bezeichnung – wahrscheinlich auch aufgrund meiner schlechten Ausgangsposition – ziemlich gedemütigt, das ist einfach Fakt.

Etwa zu Beginn des zweiten Jahres fing sie damit an, mir immer dann etwas neues, negatives über meinen Zustand zu eröffnen, sobald die Quecksilbersäule in meinem Stimmungsbarometer ein wenig nach oben tendierte, so empfand ich das damals zumindest. Beispielsweise teilte Frau Breuer mir eines schönen Tages mit, ich würde früher oder später so kontrakt[45], daß ich das Bett höchstens noch im Liegestuhl verlassen könnte. Auch dafür habe ich ein Zitat parat: *„Bei dem einen dauert es sechs Wochen, bei dem anderen eineinhalb Jahre."*

Jetzt mal ganz abgesehen von der Tatsache, daß ich auch heute, gute zwei Jahre nach dieser überaus tröstlichen Prognose, noch nichts derartiges feststellen kann, fällt es mir unheimlich schwer, in einer solchen Mitteilung einen Sinn zu sehen. Zumal ihr doch als Fachfrau völlig klar sein mußte, daß eine solche Eröffnung die krankhafte Muskelanspannung bei mir umgehend erhöhen würde. Rückblickend muß ich sagen, diese Aussage hat mich lange Zeit ganz erheblich belastet. Sie schwebt sogar heute noch ständig wie „das Schwert des Damokles" über mir. Es will mir einfach nicht mehr gelingen, mich völlig davon zu befreien.

---

[45] Kontraktur – die Versteifung des Gelenkes.

Den 24. und 25. Juli 1991 werde ich wohl in meinem ganzen Leben nicht mehr vergessen. Ich weiß nicht, welche Laus Frau Breuer über die Leber gelaufen war, jedenfalls machte sie mich an diesen beiden Tagen ganz gehörig zur Minna. Ich kam mir vor wie ein Schuljunge und nicht wie ein erwachsener Mann von 44 Jahren. Besonders erniedrigend empfand ich diesen Vorgang, da jedesmal ein Auszubildender zugegen war. Als ich mit dem einen jungen Mann einmal für fünf Minuten alleine blieb, da Frau Breuer ein dringendes Telefongespräch führen mußte, fragte mich dieser völlig entgeistert, ob es hier auf der Station etwa üblich sei, mit Patienten derart umzuspringen.

Aufgrund einiger Gegebenheiten, auf die ich hier nicht näher eingehen möchte, machte ich gute Miene zum bösen Spiel und ertrug diese Dinge. Karin fand indes etliche Male am Spätnachmittag einen Scherbenhaufen vor, den sie mühsam wieder kitten mußte.

Drei- oder viermal plagten mich in den ersten achtzehn Monaten starke Schmerzen im Hüftgelenk, sobald die Beine während der Gymnastik gebeugt wurden.[46] Als sie erstmalig auftraten, teilte ich dies Frau Breuer mit und registrierte verblüfft ihre Antwort, die da lautete: „Das ist doch allgemein bekannt, daß Sie Probleme mit ihrer Hüfte haben." Davon ist mir bisher nichts bekannt, gab ich ihr zu verstehen. Doch erst ein Blick in die Unterlagen des Doc's überzeugten sie davon, daß ihr hier ein Irrtum unterlaufen war.

---

[46] Da diese immer nach etwa einer Woche wieder verschwunden waren und auch eine vorgenommene Röntgenuntersuchung nichts ergab, nehme ich an, daß es sich dabei lediglich um eine Reizung handelte.

Heilfroh war ich schließlich, als Frau Breuer eines Tages kündigte und Frau Hoffmann, die damals die Leitung der Krankengymnastik innehatte, mich an eine neue Kollegin[47] übergab und ich bemerkte, daß diese ihr Handwerk ebenfalls verstand.

Nun wieder zurück zum Rollstuhl. Alle Details wurden besprochen, damit der Stuhl optimal auf mich zugeschnitten war. Im Nachhinein muß ich feststellen, daß das Frau Hoffmann, die dafür verantwortlich zeichnete, sehr gut gelungen ist. Bis zu 15 Stunden[48] sitze ich im Stuhl und zwar außerordentlich bequem. Auch mit der Bedienung desselben gibt es keinerlei Probleme.

Nach der Bestellung war ich jedoch vollkommen fertig. Es kam mir so vor, als wäre gerade mit dieser Handlung – ich sprach es schon einmal an – mein Schicksal endgültig besiegelt. Ich heulte ziemlich lange und laut. Sprechen kann ich zwar nur noch sehr leise und undeutlich, allein mit dem Heulen ist es bedauerlicherweise genau umgekehrt, es ist mir unmöglich geworden, leise zu weinen.

Das war mir zu jener Zeit bisweilen außerordentlich unangenehm, denn die Intensivstation bestand im Grunde genommen aus einem großen Raum und an Privatsphäre war deshalb natürlich nicht zu denken. So konnten immer alle Anwesenden daran teilhaben, wenn Robert H. wiedereinmal die Fassung verlor.

Irgendwann im Laufe dieser Monate wurde meine

---

[47] Eine sehr nette junge Frau, mit der ich mich blendend verstanden habe.
[48] Mein persönlicher Rekord.

krankengymnastische Behandlung umgestellt. Frau Hoffmann setzte die Vojtatherapie ab, da diese ganz offensichtlich nichts bewirkte und ich sollte von nun an nur noch einmal in der Woche auf's Stehbrett gestellt werden. Auf meine Einwände hin einigten wir uns schließlich auf zweimal. In diesen Tagen drängte sich mir wieder einmal unwillkürlich der deprimierende Gedanke auf: *„Das war's, du kannst keine Verbesserung mehr erwarten."*

Inzwischen hatten die Therapeuten glücklicherweise ein Lesegerät für mich beschafft. Dadurch gelang es mir, diese bedrückende Überlegung zunächst einmal in den Hintergrund zu verbannen.

Mit dem linken Daumen und dem schon erwähnten Sensor konnte ich mit dem Gerät die Seiten eines Buches oder einer Zeitschrift umblättern und war daher endlich wieder in der Lage, alleine zu lesen. Es ist kaum zu beschreiben, was das für mich bedeutete. Schon nach kurzer Zeit war ich nicht mehr einen Tag ohne Lektüre anzutreffen.

Im Juni kam dann mein fahrbarer Untersatz. Zunächst war ich noch etwas skeptisch, doch schon bald lernte ich seine Vorzüge zu schätzen. Gab er mir doch die Möglichkeit mein Bett, auch für längere Zeit, zu verlassen und im begrenzten Maße selbst zu bestimmen, wo ich mich tagsüber aufhielt.

Anfänglich war nichts vor mir sicher. Einmal fuhr ich dermaßen heftig gegen eine offene Schranktür, daß diese mit einem lauten Knirschen aus ihrer Verankerung riß. Auch sämtliche Ecken und Kanten schienen sich plötzlich da zu befinden, wo sie mir die meisten Ungelegenheiten bereiten konnten. Meine Beleuchtung bauten mir die Krankengynasten sowieso komplett ab, nachdem sie einsehen mußten, daß ich diese ständig demolieren würde.[49]

Es war ja auch wirklich nicht so einfach, plötzlich mußte ich mit meinem Kinn steuern. Nur wer dies einmal selbst versucht hat, weiß wie schwierig das ist. Bei mir kam ja obendrein noch erschwerend die stark eingeschränkte Kopfkontrolle hinzu.

Der lange Flur der Station wurde zur Übungsstrecke für mich. Vor der Glastür, mit der der Gang unterteilt war, hatte ich einen geradezu höllischen Respekt. Trotzdem entging sie zwei bis dreimal nur mit knapper Not ihrer Vernichtung.

Gemischte Gefühle

So vergingen die Wochen und Monate, allmählich kannte ich jeden Winkel in der Intensivstation. Meine Frau kam tagtäglich nachmittags so gegen 16 Uhr und übernahm dann bis um 19.00 Uhr meine Pflege. In den drei Stunden zog sie mich über eine Spanne von circa einem Jahr an (später, als ich in der Lage war, den ganzen Tag zu sitzen, wurde dies von der zuständigen Krankengymastin schon am Morgen erledigt), setzte mich in den Stuhl, gab mir Abendessen und legte mich auch anschließend wieder ins Bett. Man kann also ganz gewiß davon ausgehen, daß es ihr in den 3 Stunden nicht langweilig wurde. Wenn sie ausnahmsweise wirklich mal verhindert war, übernahm fraglos ein anderes Familienmitglied meine Betreuung.

Freunde und Kollegen kamen, solange ich in der

---

[49] Das passiert mir auch heute noch gelegentlich.

Neurointensiv lag[50], ebenfalls recht häufig zu Besuch. Ein befreundes Ehepaar besuchte mich beispielsweise jeden Freitag und nahm bei dieser Gelegenheit Karin im Auto mit.

Es war glaube ich im Juli, als wir das erste Mal den Versuch wagten, in die Öffentlichkeit zu gehen. Das Sommerfest der ev. Gemeinde bei uns im Ort, hatten wir dazu ausersehen. Vorher war ich nur einmal bei einem Optikerbesuch kurz auf der Straße gewesen. Mit gemischten Gefühlen[51] brachen wir an einem Sonntagnachmittag auf.

Ich war überwältigt, soviele Menschen hatte ich schon lange Zeit nicht mehr zu Gesicht bekommen. In der Klinik waren immer nur höchstens drei Besucher pro Bett gestattet, nun sah ich mich plötzlich einer solchen Menge gegenüber. Es war schon ein merkwürdiges Gefühl.

Plötzlich wurde ich auch erstmals mit der Scheu mancher Menschen einem Schwerkranken gegenüber konfrontiert. Ich erinnere mich zwar früher ebenfalls nicht völlig frei von solchen Ängsten gewesen zu sein, nun stand ich jedoch mit einem Mal auf der anderen Seite der Trennlinie und konnte dafür nicht mehr sehr viel Verständnis aufbringen. Saß ich auch im Rollstuhl und konnte mich kaum noch verständlich machen, so war ich doch im Innersten der Gleiche geblieben. Gerne hätte ich über den Platz gerufen: Ihr könnt ganz normal mit mir umgehen, ich habe keinen Dachschaden und brauche auch kein Mitleid!

Naja, der überwiegende Teil unserer Bekannten ver-

---

[50] Ein Jahr und acht Monate.
[51] In erster Linie gilt das wohl für mich.

hielt sich völlig normal, ich konnte die eigene Unsicherheit relativ schnell überwinden. Es verlief alles ohne Komplikationen und am Abend ging's wieder zurück in die Klinik.

Im zweiten Halbjahr testete ich eine neue Entwicklung. Mit einem Infrarot-Sender, den ich mit meinem Sensor bedienen konnte, war es mir möglich, über einen Computer und einige Hilfsgeräte, Fernsehen sowie Licht und Radio nach eigenem Gutdünken zu schalten. Das hört sich zwar zugegebenermaßen im ersten Moment ziemlich banal an, doch für jemand in meiner Lage bedeutete es schon einen gehörigen Schritt hin zur teilweisen Unabhängigkeit. Im Anfangsstadium der Entwicklung erschien mir das ganze nur noch etwas zu kostspielig (immerhin satte 12 000 DM), ein bißchen viel um Radio, Beleuchtung und Fernsehen zu bedienen. Ich habe mir jedoch überlegt, daß dieses Gerät zum Kontrollieren der Umgebung in Zukunft behinderten Menschen ganz sicher einige neue Möglichkeiten eröffnen wird.[52]

Anfang Juni hatten wir zum ersten Mal mit dem Stationsarzt konkret über einen Rehaaufenthalt gesprochen und die Klinik Goldberg dafür vorgeschlagen. Von diesem Haus hatten wir eine Menge Gutes gehört und uns entschlossen, es damit zu versuchen. Der Arzt sagte uns, daß wir mit ungefähr 4 bis 5 Monaten Wartefrist zu rechnen hätten.

Zwischendurch mußte Karin noch eine Diskussion mit dem leitenden Neurologen Prof. Schmidt durchstehen, der scheinbar einen Aufenthalt in einer Rehaklinik in meinem Fall für nicht allzu sinnvoll hielt und mich

---

[52] Notruf, Türöffner u.v.a.m.

deshalb ursprünglich direkt nach Hause entlassen wollte. Wir waren jedoch beide der Ansicht, daß man nichts unversucht lassen sollte, meine nach wie vor fatale Situation wenigstens etwas zu verbessern. Weiterhin mußten daheim noch eine ganze Reihe von Vorbereitungen getroffen werden, und Karin benötigte – nach dem fürchterlichen Streß der letzten 21 Monate – schließlich auch mal eine kleine Verschnaufpause. Auf dieser Basis einigte man sich letztendlich.

Ab Ende Oktober fingen wir an, mit einer Benachrichtigung zu rechnen. Doch wie sich herausstellte, dauerte es sehr lange, bis die Anfrage nach Gießen überhaupt einmal unterwegs war. Vorerst war uns das noch ziemlich gleichgültig, indes im Lauf der Wochen wurden wir ungeduldig und fragten immer öfter nach. Endlich – so um die Weihnachtszeit, wenn mich meine Erinnerung nicht trügt, wurde der Antrag auf Aufnahme in der Rehaklinik abgeschickt und schon Anfang Februar – genau auf den Geburtstag meiner Frau – erfuhren wir vom Stationsarzt, daß ich bereits am nächsten Tag verlegt werden sollte. Ziemlich überstürzt brachen wir auf, sozusagen „mit fliegenden Fahnen".

Rehazeit

In Gießen angekommen war ich zunächst einmal von den Dimensionen der Gebäude und von der darin herrschenden Geschäftigkeit ziemlich beeindruckt.

Als wir jedoch die Formalitäten erledigt hatten und uns auf der Station mit einer Schwester über die näheren Einzelheiten meiner künftigen Unterbringung unterhielten, kamen mir einige Bedenken. Die Patienten wurden hier des nachts im Bedarfsfall[53] vollkommen andersartig gelagert. Lediglich mit ein paar lumpigen Kopfkissen? – Das schien mir im ersten Augenblick völlig unmöglich zu sein. Hatte man doch die letzten 21 Monate so mancherlei Hilfsmittel dafür verwendet. Bislang war ich der festen Überzeugung, dies müßte unbedingt genauso beibehalten werden.

Mein Mißtrauen erwies sich jedoch schon sehr bald als absolut unbegründet. Ganz im Gegenteil, es war wesentlich angenehmer, die Nacht auf diese Weise zu verbringen. Ich hatte keinerlei Schwierigkeiten, mich daran zu gewöhnen und meine Frau hat später diese Lagerungsmethode für den Hausgebrauch übernommen.

Mit gemischten Gefühlen verfolgte ich am Abend die Abreise meiner Frau. Ehrlich gesagt war mir nicht besonders wohl bei dem Gedanken von nun an, für eine noch nicht absehbare Zeitspanne, über die Woche alleine zu sein. Ich hatte mich in den vergangenen Monaten sehr daran gewöhnt, ständig auf Karin zurückgreifen zu können.

Im Nachhinein muß ich heute sagen, daß dieser nun folgende Abschnitt für mein arg mitgenommenes Selbstwertgefühl – ja man kann durchaus behaupten für meine gesamte psychische Entwicklung – außerordentlich wichtig war.

Wieder Erwarten kam ich von Anbeginn relativ gut zurecht. Es gab zwar einige Sprachprobleme, doch mit Geduld und Spucke gelang es letztlich nahezu jedesmal, auf den Punkt zu kommen.

---

[53] Falls ein Patient nicht mehr die Möglichkeit hat, sich zu bewegen, muß er circa alle vier Stunden umgelagert werden, um ein Wundwerden möglichst zu vermeiden.

Im Laufe der nächsten Wochen wurde alles zunehmend einfacher.

Drei Umstände empfand ich von vorneherein als sehr angenehm: 1. Ich hatte ein Einzelzimmer.[54] 2. Eine Dusche im Zimmer verhieß köstliches Naß.

Dazu sollte ich vielleicht kurz erklären: Im ersten Jahr wurde ich – höchstwahrscheinlich war das in meinem Zustand gar nicht anders zu machen – ausschließlich im Bett gewaschen und auch später blieb das Baden aus verschiedenen Gründen die Ausnahme.[55] Entsprechend erfreut war ich natürlich über die eigene Dusche.

Der dritte Umstand war ganz einfach der, daß ich mich endlich wieder frei bewegen konnte. Bislang war mir das im Großen und Ganzen nur innerhalb der Station möglich. Von Beginn an nutzte ich die „neue Freiheit" auch weidlich aus, ich begann das Haus zu erkunden. Für die Bedienung der Aufzüge fand sich immer jemand[56] und ansonsten kam ich in der Rehaklinik nahezu überall hin ohne die Hilfe anderer Menschen in Anspruch nehmen zu müssen. Wenn ich mochte, konnte ich sogar ohne weiteres in den Park der Klinik oder auf die Straße fahren. Stets versuchte ich auch die verschiedenen Therapieräume selbstständig zu erreichen. Allmählich wagte ich immer mehr. In den letzten Wochen meines Aufenthaltes begann Karin mit mir kleinere Ausflüge in die nähere Umgebung der Rehakli-

---

[54] Somit wieder mehr Privatsphäre.
[55] Vorwiegend war meine Frau dafür zuständig.
[56] Herrmann, der Mann in der Pförtnerloge, war immer zur Stelle, sobald ich Unterstützung benötigte. Er drohte mir gegen Ende meines ersten Rehaaufenthaltes scherzhaft damit, eine Anhängerkupplung an meinem Rolli anzubringen, so daß ich die Essenswagen auf die verschiedenen Stationen befördern könnte.

nik zu unternehmen, wobei wir ständig damit rechneten, daß die Batterie des Rollis leer würde.[57]

Die Situation hatte sich total verändert. Bisher, in der Neurointensiv, hatte ich immer noch zu jenen Patienten gehört, denen es vergleichsweise gut ging.[58] In der Rehaklinik war das auf einmal umgekehrt. Jene Mitpatienten, die sich ganz offensichtlich in einer ähnlich besch..... Lage befanden wie ich, konnte man nun an einer Hand abzählen.

Es dauerte recht lange, bevor ich vereinzelt Kontakt mit anderen Patienten bekam. Es war und ist eben äußerst schwierig, sich mit mir auf eine Unterhaltung einzulassen und die überwiegende Mehrheit vermeidet dies deshalb lieber. Etliche Male kam ich mir jedenfalls gerade in jenen Tagen vor, wie in einer Art Isolationshaft. Allzu gerne hätte ich öfters mal mitgequatscht, doch das war ja seit geraumer Zeit leider nicht mehr möglich. Sehnsüchtig sah ich auch so manches Mal denjenigen nach, die sich allabendlich auf den Weg ins Städtchen machten, kommt mir gerade in den Sinn.

Die Ärzte im Krankenhaus hatten uns ursprünglich einen Rehaaufenthalt von 4–8 Wochen prognostiziert. Zunächst wurden es jedoch 12, und als sich so um die Ostern eine leichte Besserung bemerkbar machte, verlängerte man nochmals. Im Endeffekt dauerte mein Aufenthalt 4 Monate und 2 Wochen.

In den beiden Jahren, die ich im Krankenhaus und in der Rehaklinik verbringen mußte, hatte sich die Welt auf recht dramatische Weise verändert. Den Zusammen-

---

[57] Was jedoch bisher nie vorgekommen ist.
[58] Wie heißt es so treffend: Unter den Blinden ist der Einäugige König.

bruch des Kommunismus in Osteuropa mit allen Begleiterscheinungen bis hin zur Wiedervereinigung Deutschlands. Der Golfkrieg und der erste fehlgeschlagene Putschversuch in der ehemaligen Sowjetunion, – all diese Dinge erlebte ich ziemlich intensiv am Fernseher mit. Man kann gewiß nicht behaupten, daß ich das Interesse an meiner Umwelt je verlor. Ich erinnere mich noch daran, daß ich sogar schon im Juni 1990 – also wenige Wochen nach dem Hirninfarkt – die Fussballweltmeisterschaft am Bildschirm verfolgt habe. Allerdings quälten mich anfangs, wie bereits erwähnt, starke Schmerzen, so daß das damals noch kein reines Vergnügen war.

Es war ziemlich beeindruckend für mich zu sehen, welche Therapiemöglichkeiten hier gegeben waren. Neben Krankengymnastik und Logopädie gab es noch Ergotherapie, eine Menge Psychologen, vielerlei physikalische Anwendungen, ein Bewegungsbad, Übungsbüro und – küche, sowie eine Elektro-, Holz- und Metallwerkstatt. Für Patienten im Anfangsstadium gab es eine spezielle Frührehastation. Außerdem bestand die Möglichkeit einer Beratung bezüglich der neuen Lebenssituation durch eine fachkundige Person. Lediglich auf dem Gebiet der Computertechnologie hatte ich damals den Eindruck, daß man nicht optimal ausgerüstet war.

Zu Beginn meiner Rehabilitation weinte ich noch ziemlich häufig in der Nacht, doch hier konnte man wenigstens auch mal heulen, ohne daß jeder gezwungen war zuzuhören, ob er nun wollte oder nicht.

Alsbald begann ich indes, mich mit meinem Zustand abzufinden. In mir setzte sich langsam die Erkenntnis durch, daß es wenig Sinn machte, ständig nur Trübsal zu blasen. Ganz gewiß lag dies auch an der weitaus weniger deprimierenden Umgebung. Zwar traf ich auch hier mit relativ schwer hirngeschädigten Menschen zusammen[59], doch in der neurologischen Intensiv waren die Konstellationen ganz zweifellos noch um einiges ungünstiger gewesen.

Wie soll ich meine innere Verfassung damals nur umschreiben, – es war so ähnlich wie bei meiner ersten Verlegung. Wiederum hatte ich das Gefühl dem gewohnten Leben ein Stück näher zu kommen. Ich erlangte nach und nach meine alte Fröhlichkeit zurück.

Natürlich gab es noch Phasen der Niedergeschlagenheit, jedoch wurden diese immer seltener. Ich glaube in dieser Zeit erwarb ich mir sogar den Ruf, mit meinem Schicksal besonders gut fertig zu werden. Meiner Meinung nach ist das aber einfach eine Angelegenheit, die sich im Laufe der Jahre von selbst reguliert. Was bleibt einem denn schließlich auch anderes übrig, als die neuen Fakten zu akzeptieren? Ich hatte jedenfalls noch Lust auf's Leben mit seinen schönen Seiten und war nicht bereit aufzugeben – das war einmal.

Da fällt mir gerade noch eine ziemlich traurige Erfahrung ein, die ich in den ersten Monaten der Erkrankung des öfteren machte und bisweilen leider immer noch mache. Es ist äußerst deprimierend für mich, wenn sich andere Menschen über meinen Kopf hinweg angeregt unterhalten und mich dabei völlig ausklammern. Ich komme mir dabei jedesmal entwürdigt, erniedrigt und so absolut nutzlos vor.

Weiter im Text. Mit der Zeit lernte ich die Schwe-

---

[59] Ich brauchte ja beispielsweise nur in einen Spiegel zu sehen. Mal ganz ohne Flax, ich war jedesmal sehr niedergeschlagen, sobald ich in einem Spiegel sehen konnte, was aus mir geworden war.

stern, Pfleger und Helfer der Station A 3 sowie meine verschiedenen Therapeuten ein wenig näher kennen. Es entwickelte sich teilweise ein ausgesprochen gutes Verhältnis. So manchen Blödsinn haben wir in jenen Tagen gemeinsam verzapft. Ich hatte den Eindruck in den besten Händen zu sein und fing an, mich wohl zu fühlen.

Der Tag begann für mich gewöhnlich um 7 Uhr mit duschen, danach gab es Frühstück und so gegen halb zehn war ich erst einmal an der frischen Luft. Dreimal in der Woche ging es mit den verschiedenen Behandlungs-einheiten um 10 Uhr los und zwar in der physikalischen Abteilung der Klinik mit einer halben Stunde auf dem Schwingtisch. Um Elf war jeden Tag Ergobehandlung angesagt. Die ersten Wochen machte ich, nachdem die Ergotherapeutin meine Gesichtsmuskulatur mittels einer elektrischen Zahnbürste angeregt hatte, Mimik- und Zungenübungen, später begannen wir damit, meinen linken Arm zu trainieren.

Zwölf Uhr gab es Mittagessen, dazu fuhr ich auf mein Zimmer. Um 13 Uhr ging es nahtlos mit der ersten Stunde Krankengymnastik weiter. Hier im Rehazentrum Goldberg behandelte man vorwiegend nach Bobath.[60] Durch bestimmte Übungen versuchten die Therapeutin-nen meinen Körper wieder soweit als möglich in Gang zu setzen. Anfänglich ohne die geringste Reaktion, doch so um Ostern 1992 zeigte sich eine leichte Besserung meines Zustandes. Zwar war nicht alles von Dauer, jedoch meine ich, daß die Spastik seither nicht mehr so

---

[60] Eine von dem tschechischen Ehepaar Bobath entwickelte Behand-lungsmethode.

ausgeprägt ist und mein linker Arm in seiner Beweglich-
keit etwas verbessert wurde.

Meine Hände wurden manchmal mit Eiswasser be-
handelt. Sobald man sie darin eintauchte begannen sich
die Finger zu öffnen, doch hielt ich es nie lange in dem
eisigen Naß aus.

Um 14.00 Uhr hatte ich dreimal in der Woche
Logopädie. Das war zwar etwas weniger als bisher – in
der anderen Klinik bekam ich täglich Sprachunterricht, –
meiner Meinung nach reichte dies aber durchaus noch
aus. Ging es doch damals schon in erster Linie lediglich
darum, die mir noch verbleibenden Möglichkeiten der
Kommunikation zu erhalten.[61]

Um 15.00 Uhr machten die Krankengymnastinnen
meist nochmal ein Stehtraining mit mir, um die
Spitzfüße zu bekämpfen, den Kreislauf zu stabilisieren
und auch wie man mir einmal sagte, den Tonus[62] zu
senken. Die jungen Frauen stellten mich mit Hilfe
zweier Schienen, die sie mir zu Beginn meines Aufenthaltes im Rehazentrum angepaßt hatten.

Diese wurden zunächst an die Beine von hinten
angelegt. Anschließend wurde das Ganze mit elasti-
schen Binden stramm umwickelt, man hievte mich hoch
und ich stand dann für etwa zwanzig Minuten auf den
Beinen. Allerdings waren für diese Prozedur jedesmal
zwei – drei Damen erforderlich. Die eine kniete hinter
mir auf einer sogenannten Bobathbank und hielt meinen
Oberkörper, während die anderen unbedingt die Füße
fixieren mußten, da hauptsächlich der linke Fuß, durch

---

[61] So sehe ich das wenigstens.
[62] Die Muskelanspannung.

die spastikbedingte Inversion[63], dazu neigte nach innen zu kippen.

Während der Gymnastik ging es oft ausgesprochen lustig zu. Christine und Michaela, die mich anfänglich gemeinsam behandelten, waren sich eigentlich ununterbrochen am kabbeln und brachten mich dadurch häufig zum lachen. Die eine Krankengymnastin – leider kann ich mich nicht mehr an ihren Namen erinnern – war eine ausgesprochene Ulknudel. Immer wenn ich sie auch nur zu Gesicht bekam, mußte ich mich halbtot lachen.

Nachmittags, nach 16.00 Uhr, saß ich meist in meinem Zimmer am Lesegerät und abends (cirka um sieben Uhr brachte man mich zu Bett) war die Mattscheibe mein Freizeitvergnügen.

Man sollte jetzt eigentlich annehmen, meine Tage wären ausgefüllt gewesen, aber weit gefehlt, ich wurde oft von entsetzlicher Langeweile geplagt. Da sich nur die Allerwenigsten auf eine Unterhaltung mit mir einließen, war ich vorwiegend alleine. Zwischen den Anwendungen gab es immer wieder eine Lücke und ich konnte meist nichts anderes tun, als zum Fenster hinaus zu starren oder in der Sonne stehen und meinen Erinnerungen nachhängen. Es wird sicher jedem einleuchten, daß dies häufig damit endete, daß ich sehr traurig wurde.

Einmal gab es sogar eine kleine Exposition im Haus, in der Hobbymalerei verschiedener Therapeuten vorgestellt wurde, doch ich habe mir jedes einzelne Bild dieser Ausstellung im Laufe der Monate bestimmt

[63] Inversion – Fußeinwärtsdrehung.

zehnmal angesehen, ich kannte sozusagen jeden Pinselstrich.

Ich machte wohl auch einige Vorschläge, zumal mir auffiel, daß ich nicht der einzige Patient war, der Tag für Tag mit der schrecklichen Langeweile zu kämpfen hatte, doch meine Ideen waren damals aus den unterschiedlichsten Gründen nicht zu realisieren.

In den ersten Tagen des April unterbreitete man mir ärztlicherseits den Vorschlag, meine Spitzfüße mit einem neu entwickelten Medikament (Butolinum) zu behandeln. Wie es der Name schon andeutet eine Entwicklung auf der Basis der gefürchteten Butolismusbakterien. Nach einem Gespräch mit den Ärzten willigte ich ohne lange zu zögern ein, es konnte ja eigentlich nur noch bergauf gehen. Am 8. Mai wurden die Injektionen in einer Frankfurter Klinik gemacht. Der in England entwickelte Wirkstoff wurde mir in verschiedene Muskeln des linken Unterschenkels gespritzt. Dabei erfuhr ich, daß man vorerst, um Komplikationen zu vermeiden[64], lediglich einen Fuß behandeln durfte, davon hatte ich bis zum damaligen Zeitpunkt keine Ahnung. Nach circa einer Woche zeigte sich eine deutliche Verbesserung, obwohl mein linker Fuß bis zu jenem Tag klar der schlechtere gewesen war, kann ich heute wieder ohne große Schwierigkeiten darauf stehen.[65] Der Fuß geht nicht mehr so extrem in die Inversion.

Mitte des Monats hatte ich noch ein nicht sehr appetitliches Erlebnis mit einem Pflegehelfer. Noch heute graut mir, wenn ich daran zurückdenke. Folgendes geschah:

[64] Das Präparat schien nicht gerade harmlos zu sein.
[65] Im Stehbett (siehe Fußnote 67).

Eines Abends kam Frau Erdmann, die damalige Stationsschwester mit einem jungen Mann in mein Zimmer, den sie mir als Helfer Hassan vorstellte. Wenn ich mich recht erinnere, studierte er seinerzeit in Gießen und verdiente sich als Pflegehelfer ein paar Mark dazu. Zunächst fiel mir bei ihm auf, daß er im Gegensatz zu allen anderen Pflegekräften nicht bereit war, sich auf ein Gespräch einzulassen. Beispielsweise erhielt ich auf meine gut gemeinte Frage, wo er denn herkomme die Antwort: „Was spielt denn das für eine Rolle." Nun, dachte ich, wer nicht will, der hat schon.

Am nächsten Abend kam er, um mir mein Abendbrot zu verabreichen. Er tat dies mit seinen Händen. Das ist doch nicht weiter tragisch, werden Sie jetzt bestimmt denken, doch wenn ich weiter erzähle, verstehen Sie sofort, warum ich das so betone. Als ich nämlich die erste Scheibe Brot vertilgt hatte, rührte ihn ein menschliches Bedürfnis. Er ging ins Bad und urinierte dort ausgiebig in die Toilettenschüssel ohne dabei die Tür zu schließen. Deshalb konnte ich ihm bei seiner Verrichtung genau beobachten. Ein Irrtum meinerseits ist also völlig ausgeschlossen.

Nachdem er gepinkelt hatte, ging Hassan nicht etwa zum Waschbecken, um sich die Hände zu waschen, nein er kam schnurstracks zu mir zurück und wollte mich weiter füttern. Anscheinend nahm er an, ich würde seine – nun nennen wir es mal vorsichtig – Gedankenlosigkeit gar nicht bemerken oder ich besäße keine Möglichkeit mehr, dies Dritten mitzuteilen. Wen wunderts, daß ich plötzlich keinerlei Appetit mehr auf den Rest meines Abendessens verspürte und dankend ablehnte.

Am nächsten Tag teilte ich der Stationsleiterin empört

mit, was vorgefallen war und bat darum, mich künftig von seiner Anwesenheit zu verschonen. Hassan bestritt natürlich alles – was hätte er auch sonst tun sollen, entschuldigte sich jedoch bei mir und kurz darauf verlor ich ihn aus den Augen.

Inzwischen hatten die Ärzte meinen endgültigen Entlassungstermin auf den 17.6. gelegt. Langsam hatte ich auch selbst das Gefühl, daß es angebracht war, nach Hause zurückzukehren. Fortschritte waren im Moment keine mehr zu beobachten und es war jetzt auch schon über zwei Jahre her, daß ich einmal längere Zeit zu Hause verbracht hatte. In einem halben Jahr sollten wir erneut Aufnahme in dem Rehazentrum beantragen.

Zwei Wochen vor dem geplanten Entlassungstermin verstarb meine Mutter. Ihr plötzlicher Tod überraschte mich nicht allzu sehr, denn völlig gesund war sie schon lange nicht mehr gewesen und das Schicksal hatte ihr einiges zugemutet. Ich möchte hier nicht näher darauf eingehen, nur soviel sei gesagt: Ihr Leben stand ebenfalls nicht gerade unter einem Glücksstern.[66]

Zum damaligen Zeitpunkt hatte ich noch nicht einmal ein Bett daheim, so daß es mir nahezu unmöglich war, an ihrer Beerdigung teilzunehmen. Das kam folgendermaßen: Das Pflegebett war geliefert worden und meine Frau sah sich deshalb aus Platzgründen genötigt, unser Ehebett wegzugeben. Kurze Zeit später hatte die Krankengymnastik bei der Hilfsmittelbestellung umgeplant und ein Stehbett[67] für mich beantragt. Dieses wurde

---

[66] Salopp ausgedrückt: Außer Spesen nichts gewesen.
[67] Im Grunde genommen ist das ein Bett und ein Stehbrett in einem. Der Patient wird zunächst darin angeschnallt. Mit einem Elektromotor kann man sodann das Pflegebett in die Senkrechte bringen und der Kranke steht auf den eigenen Beinen.

auch anstandslos bewilligt.[68] Daraufhin holte man natürlich das normale Pflegebett wieder ab. Bis das Stehbett bei uns eintraf, stellte man mir zwar ein Leihbett zur Verfügung, doch es wurde erst zwei Tage vor meiner Entlassung zu Hause aufgestellt.

Außerdem wollte ich Karin keinesfalls zumuten, sich bei all der Unruhe noch um einen schwer pflegebedürftigen Mann kümmern zu müssen. Dabei möchte ich aber ausdrücklich betonen, daß das meine alleinige Entscheidung war. Karin ließ nie den geringsten Zweifel daran aufkommen, daß sie auf ein Wort von mir sofort alles nötige veranlassen würde.

Nun kam mit Riesenschritten der Tag meiner Abreise näher. Nach und nach verabschiedete ich mich von allen. Mit der Zeit gewöhnt man sich ganz schön an eine Umgebung, doch ich war natürlich heilfroh, endlich wieder nach Hause zu kommen. Am Morgen meiner Abfahrt packte eine Schwester meine Sachen und Pflegemittel für die ersten Tage zusammen, meine Frau mußte lediglich noch alles im Auto verstauen. Auch dabei wurden wir von zwei Schwestern unterstützt, so daß wir relativ schnell unterwegs waren.

Endlich wieder zu Hause

Zu Mittag trafen wir in unserem Heimatstädtchen ein. Es war schon ein merkwürdiges Gefühl für mich, nach so vielen Monaten Klinikaufenthalt wieder auf Dauer daheim zu sein. Ich war zwar nicht mehr derselbe wie vorher, doch mit meinem Zustand hatte ich mich

---

[68] Es hatte allerdings ein Vierteljahr Lieferfrist.

mittlerweile notgedrungen mehr oder weniger abgefunden. Auch die Familie akzeptierte meine schwere Behinderung. Karin hatte von Anfang an keine sichtbaren Schwierigkeiten mit der Pflege und ich habe immer das Gefühl, bei ihr in den besten Händen zu sein. Zweifellos bedeutet dies jedoch eine beträchtliche Mehrbelastung für sie.

Das Wichtigste war bereits in die Wege geleitet. Die Caritas-Sozialstation übernahm es, mich am Morgen zu pflegen und in den Rollstuhl zu verfrachten.

Die Suche nach Therapeuten für meine Weiterbehandlung erwies sich hingegen zum Teil als relativ schwierig. Zwar war die gymnastische Betreuung kein Problem. Karin hatte das schon vorher abgeklärt, – Frau Müller und Frau Raab aus der ortsansässigen Praxis für Krankengymnastik behandelten mich umgehend weiter. In der ganzen Stadt praktizierte allerdings nur ein einziger Ergotherapeut, da wurde es schon etwas heikler.

Logopädinnen gab es zwar in der näheren Umgebung etliche, doch wir stellten fest, daß sie alle mehr als reichlich zu tun hatten. Wir müßten uns auf mindestens ein halbes Jahr Wartezeit einrichten, teilte man uns von mehreren Seiten auf unsere Anfragen mit. Daß es dennoch verhältnismäßig schnell zu einer sprachtherapeutischen Begleitung kam, ist eine Geschichte für sich. Das war damals folgendermaßen:

Im Juli nahmen wir – d.h. die komplette Familie – mutig an einem Wochenendseminar der ortsansässigen KAB[69] Gruppe teil. Über zehn Jahre hatten wir alle

[69] Katholische Arbeitnehmer Bewegung.

beide in diesem Rahmen mitgearbeitet und uns in erster Linie der Ausländerarbeit gewidmet. Mit der Zeit war es uns gemeinsam mit unseren Mitstreitern gelungen, einen recht großen Kreis von Gleichgesinnten zu sammeln und daraus war auch so ganz nebenbei manche Freundschaft entstanden. Doch das ist eigentlich in diesem Zusammenhang unerheblich, ich will damit lediglich ausdrücken, daß es uns innerhalb dieser Gruppe möglich schien, das Wagnis einzugehen, erstmals ein paar Tage außer Haus zu verbringen. Zudem das Gebäude, in dem das Seminar stattfinden sollte, hundertprozentig behindertengerecht ausgebaut war.

Bei der Vorstellungsrunde traute ich meinen Ohren nicht, als sich eine der Teilnehmerinnen, die nicht direkt der Gruppe angehörten, sondern ausschließlich am Thema interessiert waren, als Logopädin vorstellte. Diese Frau besorgte mir die Adresse einer Gemeinschaftspraxis, die bereit war, mich sofort als Patient anzunehmen. Der Clou war dabei noch, die Praxis war ebenfalls behindertengerecht ausgebaut, da eine der Therapeutinnen gleichfalls auf einen Rollstuhl angewiesen war.

Das Wochenende sollte noch mehr Überraschungen bringen, allerdings weniger angenehme. Doch bis Sonntagmorgen war noch alles in Ordnung. Alles klappte wunderbar, man kann sagen: *„Morgens um sieben war die Welt noch in Ordnung."*

Um fünf nach sieben bekam meine Frau plötzlich unerträgliche Schmerzen in der Nierengegend. Wir vermuteten sofort eine Kolik und der Notarzt wurde gerufen. Kurze Zeit später traf auch eine Ambulanz mit zwei Rettungssanitätern und zwei Ärzten bei uns ein. Der jüngere der beiden Mediziner tastete die Umgebung des Schmerzzentrums ab und sprach mit seinem Kollegen von einer Schwellung. Das gab mir wieder einmal den Rest. Ich vermutete gleich schlimmeres. Jedenfalls begann ich hemmungslos zu weinen, als die Sanitäter meine Frau auf der Krankenbahre hinaustrugen.

Meine Hilflosigkeit war in diesem Augenblick kaum zu ertragen. Natürlich hätte ich Karin sowieso nicht helfen können, doch daß ich meiner Frau nicht einmal die Hand halten konnte, geschweige denn sie in`s Krankenhaus begleiten, belastete mich ungemein. Naja, wie dem auch sei, das Ganze stellte sich letztendlich doch als Nierenkolik, verursacht durch einen Stein, heraus. Drei Tage später war Karin wieder daheim, und bis dahin bewies die Familie wieder einmal ihren außergewöhnlichen Zusammenhalt.

Mein Schwager aus Düsseldorf war mit seiner Frau noch am selben Abend zur Stelle, um zu sehen, ob sie uns irgendwie behilflich sein können. Die Schwester meiner Frau kam mit ihrem Ehemann bereits kurze Zeit nach dem Vorfall, um alles Nötige für meinen Rücktransport zu veranlassen. Sie übernahm es auch gemeinsam mit Karins Mutter die notwendigen Einkäufe zu tätigen. Meine Kinder schließlich übernahmen zum größten Teil meine Versorgung.

Mathias und Claudia, – glücklicherweise hatten wir gerade Sommerferien – waren tagsüber an der Reihe und Monika, die zu diesem Zeitpunkt schon einige Monate ausgezogen war, übernahm mit ihrem damaligen Freund die Nachtschicht. Dabei traf es sich gut, daß dieser ausgebildeter Rettungssanitäter war, auch im Rahmen seiner Ausbildung als Mediziner eine Zeitlang in einer Klinik als Pfleger Dienst tun mußte und somit über eine gewisse pflegerische Erfahrung verfügte.

Monika meisterte den Haushalt und alles, was in jenen Tagen damit zusammenhing, mit Bravour. So überwanden wir schließlich auch diesen kritischen Zeitraum. Mittwochs wurde Karin aus der Klinik entlassen und bei uns kehrte wieder so etwas wie „Normalität" ein.

Das nächste erwähnenswerte Ereignis war das Eintreffen meines speziellen Computerprogrammes. Nach langem Hin und Her hatte meine Krankenkasse die Anschaffung genehmigt. Damit wurde mir endlich auch zu Hause der Zugriff auf den Computer möglich. Einen solchen hatte mir meine Frau schon ein halbes Jahr vorher besorgt.

Nun war es mir wieder erlaubt, auch etwas kompliziertere Dinge zu übermitteln. Mit dem Mund konnte ich mich ja leider lediglich nur noch sehr beschränkt artikulieren. Plötzlich war auch die Erledigung meiner Post wieder ohne weiteres möglich. Es dauerte zwar alles ziemlich lange, doch Zeit hatte ich ja jetzt reichlich zur Verfügung. Womit wir schon beim Nächsten wären. Auch meine freie Zeit konnte ich an dem Gerät sinnvoll verbringen. Zwar ist mit dem Hilfsprogramm nicht die Nutzung jeder Software möglich, doch ich habe fest vor, mit dem Hersteller des Hilfsprogrammes Kontakt aufzunehmen, um auszuloten, was damit noch machbar ist. Früher habe ich die Berührung mit dem Computer eher gemieden, doch heute kann ich mir im wahrsten Sinne des Wortes ein Leben ohne ein solches Gerät nicht mehr vorstellen.

Dann begann der Umbau unserer Wohnung. Die Türen hatte zwar Karin schon im Februar verbreitern lassen, die Türfüllungen kamen jedoch erst Mitte Juli. Um das Haus wurde ein Weg für mich angelegt, und eine neue Terassentür mit Funkfernsteuerung ermöglicht es mir ohne große Schwierigkeiten, alleine die Tür zu öffnen und das Haus zu verlassen. Zusätzlich wurde eine behindertengerechte Dusche eingebaut.[70] Ich erhalte auch im Monat 4 Freifahrten innerhalb der Stadtgrenze mit dem Behindertenfahrdienst. Damit hat unsere Heimatstadt einiges getan[71], um unser Leben wieder erträglich zu gestalten.

Die Hilfsmittelausstattung durch meine Krankenkasse trägt ebenfalls ganz erheblich dazu bei. Der Elektrorollstuhl machte mich wieder mobil. Das Lesegerät ermöglicht es mir wieder, ein Buch oder eine Zeitschrift zu lesen. Über den Computer habe ich mich ja soeben ausgiebig geäußert. Ein Bewegungsapparat für meine Beine und ein Stehbett, um meine Knochen zu belasten und den Kreislauf zu trainieren, mehr kann man, denke ich, kaum erwarten.

Wir versuchten soweit als irgend möglich, an unser vorhergehendes Leben anzuknüpfen. Dies war auch in begrenztem Umfang durchaus machbar. Wir begannen wieder unsere Freunde zu besuchen, nahmen an der Arbeit der örtlichen KAB-Gruppe regelmäßig teil[72] und versuchten Lokale ausfindig zu machen, die man problemlos auch als Rollstuhlfahrer aufsuchen konnte. Ich lernte schrittweise wieder, mich unter vielen Men-

---

70 Unser Bad befand sich in der oberen Etage, wodurch mir dessen Nutzung seit meiner Behinderung versagt blieb.
71 Die Kosten für die notwendig gewordenen Umbaumaßnahmen wurden größtenteils vom Sozialamt übernommen.
72 Ich übernahm einen Teil der schriftlichen Arbeiten. Es dauert zwar – aufgrund meines Zustandes – alles sehr lange, doch was soll's. Bei dieser Gelegenheit muß ich auch einmal betonen, daß uns die Zugehörigkeit zu der Gruppe sehr viel geholfen hat.

schen zu bewegen, und so manche Zeitgenossen mußten sich auch an meinen Anblick gewöhnen, – einige hatten schon sichtliche Schwierigkeiten mit meinem neuen Äußeren. Vielleicht hätte ich mir ein großes Schild um den Hals hängen müßen mit der Aufschrift: *Ich bin nicht bekloppt, es sieht nur so aus!*

Doch ich möchte nicht zynisch werden und nochmals ausdrücklich betonen, daß ich vor meiner Erkrankung ebenfalls Hemmungen beim Umgang mit Behinderten hatte und durchaus nachfühlen kann, wie man sich bei einer Begegnung mit einem solchen Menschen vorkommt – nämlich in allerster Linie hilflos und unsicher.

Da fällt mir noch ein Erlebnis ein, das mir ziemlich nahe ging. Im Spätsommer wurden wir von den Eltern meines ehemaligen Bettnachbarn Hans anläßlich seines Geburtstages eingeladen. Ernst[73] mit Vater und Mutter ebenfalls. Beide waren inzwischen wie ich wieder zu Hause, im Schoße der Familie.

Daß Ernst nichts mit mir anfangen konnte, überraschte mich keineswegs, dazu waren bei ihm die Ausfallserscheinungen auf Grund seiner Hirnverletzung zu gravierend. Enttäuscht war ich allerdings insgeheim darüber, daß Hans, mit dem ich mich trotz meiner Verständigungsprobleme im Krankenhaus immer recht gut verstanden hatte[74], überhaupt nichts mehr mit mir anfangen konnte. Doch am schlimmsten traf mich seine Persönlichkeitsveränderung. Er, der damals eigentlich ständig für einen Scherz zu haben war, war inzwischen zu einem sehr ernsten Menschen geworden. Lag es etwa

[73] Für viele Monate in der L.N.K. Herbstein mein rechter Bettnachbar.
[74] Fast jeden Tag hatte er mich – nachdem die Ärzte ihn auf eine andere Station verlegten – an meinem Krankenbett besucht.

daran, daß er etwas mehr die grausame Realität begriff oder stand er unter Medikamenteneinfluß? Noch lange dachte ich über diese Begegnung nach.

Kommen wir zur nächsten – man kann schon beinahe sagen Katastrophe. Was wir bei der Beantragung der Rente erlebten, kam uns zunächst wie ein Schildbürgerstreich vor, später konnten wir allerdings zeitweise nur noch sehr gequält darüber lachen. Doch am besten der Reihe nach.

Nach Ablauf der Krankengeldzahlungen wurde uns zunächst anstandslos eine Arbeitsunfähigkeitsrente befristet auf ein Jahr gewährt. Die Zahlungen begannen etwa drei Monate vor Beendigung des Anspruches auf Krankengeld. Die Befristung auf ein Jahr schien uns ebenfalls zu jenem Termin noch durchaus seine Berechtigung zu haben. Mitte Februar beantragte Karin, da sich an meinem Befinden eigentlich nichts verändert hatte – über meine Situation habe ich mich ja am Beginn dieses Berichtes ausführlich ausgelassen, eine Weiterzahlung der Arbeitsunfähigkeitsrente. Wir waren der Ansicht, dabei dürfe es in Anbetracht meines erbärmlichen Zustandes nicht die geringsten Schwierigkeiten geben.

Doch weit gefehlt, damit begann, – ohne daß wir es zunächst bemerkten, ein recht merkwürdiger Vorgang. Im Juni wurden wir das erstemal etwas unruhig, da wir noch nicht das Geringste von einer erneuten Verlängerung der Rentenzahlungen gehört hatten. Auf telefonische Anfrage teilte man uns von seiten der LVA zunächst einmal lakonisch mit: „Die Angelegenheit wird bearbeitet". Wie sich später erweisen würde, war dies lediglich eine Auskunft, die uns erst einmal abwimmeln sollte. Vier Wochen danach lag meine Rente, wie man Karin ebenfalls per Telefon versicherte, beim Abteilungsleiter zur Unterschrift vor. Als wir im August immer noch nichts hörten, beschloß ich, einen Brief zu schreiben. Mitte des Monats erhielt ich – nicht etwa meine Rente, sondern einen Antwortbrief von der Landesversicherungsanstalt, in dem man uns allen Ernstes mitteilte, im April sei eine Rehabehandlung mit dem Ziel einer beruflichen Wiedereingliederung abgelehnt worden, da, ich zitiere, „keine Verbesserung Ihres Zustandes zu erwarten ist". Trotzdem hielt man es noch für nötig, in der L.N.K. Herbstein einen Bericht über mich anzufordern, obwohl ich seit einem halben Jahr nicht mehr das Mindeste mit dieser Klinik zu tun hatte.

Ich sollte vielleicht noch ergänzen, daß wir am ersten Juni zum letzten Mal Rente bekommen hatten und das wir nach Möglichkeit vermeiden wollten, das Sozialamt in Anspruch zu nehmen. Deshalb hatten wir wieder einmal die Hilfe der Familie in Betracht ziehen müssen, zuguterletzt begannen wir sogar damit, unser Bankkonto zu belasten.

Mitte September schrieb ich nochmals einen Brief, allerdings ohne irgendeine Reaktion hervorzurufen. Anfang Oktober schließlich ging Karin nach Gießen auf's Versicherungsamt, um Beschwerde einzulegen. Dort äußerte man ebenfalls nur Unverständnis über die Länge der Entscheidungsdauer und sagte uns zu, sich um die Angelegenheit zu kümmern. Endlich, am 23. des Monats bekamen wir den lange erwarteten Brief mit einer Verlängerung für sage und schreibe ein weiteres Jahr. Da hat man also über „8" Monate benötigt, um zu entscheiden, ob man einem völlig gelähmten Mann ohne Stimme, bei dem nach eigener Aussage keine Aussicht auf Besserung besteht, die Rente für weitere zwölf Monate gewähren soll. Da drängte sich mir unwillkürlich der Gedanke auf, daß die Menschen dort wohl jeden Moment ein Wunder erwarteten. Hatte man damals vielleicht vor, mich auf eine Wallfahrt nach Lourdes zu schicken? Wir hatten es schon seit geraumer Zeit aufgegeben, Unmögliches zu erwarten.

Eigenartigerweise machte unser Junge seit ein paar Jahren eine Dummheit nach der anderen und wurde immer verschlossener. Wir konnten uns das lange nicht erklären. Zwar war er noch nie ein einfaches Kind gewesen, und meine Erkrankung machte ihm fraglos ebenfalls ganz erheblich zu schaffen, doch das konnten unmöglich die alleinigen Ursachen für diese Wesensveränderung sein.

Im Dezember 1991 hatte Mathias dann in einem Gespräch mit seiner älteren Schwester gestanden, daß er jahrelang[75] von einem um einige Jahre älteren jungen Mann zu sexuellen Handlungen animiert worden war. Meine Frau zögerte nicht lange und erstattete Anzeige. Als sie mir dies am Abend in der Klinik erzählte, packte mich zunächst einmal die kalte Wut und meine absolute Hilflosigkeit war wiedermal kaum zu ertragen. Eigene diesbezügliche Jugenderfahrungen kamen mir in den Sinn. Als ich mich einigermaßen gefangen hatte, fiel mir eine Begebenheit ein, die sich Jahre zuvor[76] zugetragen hatte.

Dabei ging es um eine ähnliche, wenn auch etwas harmlosere Sache im Zusammenhang mit dem jungen Mann und und unserem Jungen. Ich war damals in der irrigen Annahme, die Geschichte mit einem „deutlich"

---

[75] Angefangen hatte es etwa mit elf Jahren.
[76] Mathias war damals gerade Neun.

geführten Gespräch aus der Welt schaffen zu können, das erwies sich nun leider als Trugschluß.

Naja – es wurde gegen den Betreffenden ermittelt und da ihm, so teilte man uns mit, außer in dem einen Fall nichts nachzuweisen war, wurde er freigesprochen, mit der Auflage, sich einer Therapie zu unterziehen.[77]

Was nun folgte, war kaum zu verstehen. Überall in unserem Heimatort wurde verbreitet, der junge Mann sei vorbehaltlos freigesprochen worden. Am Ende hatten wir fast den Eindruck, der 12jährige Mathias habe den 18jährigen M. verführt.

Weiter im Text. Mitte Oktober 1992 kam meiner Frau während eines Einkaufs die Geldbörse mit 600 Mark, ihrer Scheckkarte und dem Personalausweis abhanden. Alle Versuche, sie wieder zu erlangen, waren vergebens. Daß unsere finanzielle Situation durch meine frühe Invalidität nicht gerade rosig geworden ist, kann sich gewiß jeder ohne Weiteres ausmalen, und da ist der Verlust eines solchen Betrages natürlich katastrophal. Ich erinnere mich, daß es sehr lange gedauert hat, bis wir diesen Aderlaß verschmerzt hatten. Das Portemonnaie lag zwar acht Tage später mit dem Ausweis bei uns im Briefkasten, Geld und Scheckkarte blieben jedoch verschwunden.

Zeitweise möchte man am liebsten davonlaufen.[78] Warum muß das alles immer bei uns passieren? Andere leben glücklich, ohne größere Sorgen und bei uns kann man praktisch davon ausgehen, daß die nächste Kata-

---

[77] Wenn ich mir überlege, wie sich mein Junge – ganz gewiß auch unter dem Einfluß dieser Angelegenheit – verändert hat, kann ich das nicht nachvollziehen.

[78] Ätsch, geht ja nicht mehr!

strophe nicht lange auf sich warten läßt. Was haben wir denn verbrochen, daß man uns das antut? Meine Schwägerin Annemarie hat einmal – um mich zu trösten – zu mir gesagt: „Laß den Kopf nicht hängen Robert, es muß auch irgendwann wieder einmal aufwärts gehen." Aber im Gegenteil, bis jetzt habe ich den Eindruck, es geht eher abwärts, zumindest zeitweise. Doch nun wieder einmal genug herum gejammert.

Ende der zweiten Novemberwoche 1992 bekommen wir Besuch aus Gießen. Luzy und Panos, zwei junge Helfer aus dem Rehazentrum kommen bei uns vorbei, um nach mir zu sehen. Lucy absolvierte damals gerade ein freiwilliges soziales Jahr in Goldberg und Panos verdiente sich etwas Geld zum Studium dazu, indem er in der Klinik aushalf. Ich habe mich riesig über den Besuch der beiden gefreut. Mit dem überwiegenden Teil der Mitarbeiter habe ich mich während meines Aufenthaltes in Krankenhaus und Rehaklinik zwar sehr gut verstanden, wir hatten wohl auch in Goldberg davon gesprochen, daß man mich mal besuchen würde, doch insgeheim hatte ich gedacht: Sobald du einmal zu Hause bist, hat man dich schnell vergessen.

Im Dezember kaufte mir Karin einen neuen Computer. Das andere Gerät war – bei meiner neuentdeckten Leidenschaft für das Hobby – schnell zu klein geworden. Außerdem hofften wir, Probleme mit dem Hilfsprogramm, daß ich zur Bedienung des PCs unbedingt benötige, besser in den Griff zu bekommen. Dies hat sich allerdings als Trugschluß erwiesen. Nun werde ich mich wohl mit den Herstellern der verschiedenen Software in Verbindung setzen, um auszuloten, was man noch tun kann.

Kurz vor dem Weihnachtsfest kommt es in der

Rentenangelegenheit zu einem versöhnlichen Abschluß. Sofort nachdem wir den neuen Rentenbescheid erhalten hatten, legten wir Widerspruch gegen die unbegründbare Befristung ein und schon kurze Zeit danach wird dem plötzlich ohne weiteres stattgegeben.

Mitte Dezember nehmen wir in der neurologischen Klinik Herbstein an einer Zusammenkunft mit ehemaligen Patienten und ihren Angehörigen teil. Diese Treffen finden alljährlich statt und dienen dazu, Betroffenen und Ärzten Gelegenheit zu geben, Erfahrungen auszutauschen. Eine, wie ich meine, sehr nützliche Einrichtung. Zusätzlich bot sich uns dabei noch die Gelegenheit, alte Bekannte wieder zu treffen. Wir werden wohl auch künftig, wenn es möglich ist, daran teilnehmen.

Einen Tag vor dem Fest kommen zwei ehemalige Kollegen aus der Druckerei, in der ich vor meiner Erkrankung[79] tätig war, bei uns vorbei. Sie bringen mir ein beträchtliches Weihnachtsgeld von der Geschäftsleitung und ein Geschenk meiner ehemaligen Mitstreiter vorbei. Das tut schon in jeder Beziehung gut. Das Geld können wir natürlich so kurz vor dem Fest gut gebrauchen und es ist schön, wenn man feststellt, daß man noch nicht ganz in Vergessenheit geraten ist.

Wir verbringen ein in jeder Beziehung schönes und harmonisches Weihnachtsfest im Kreise der Familie. Das ist deshalb so bemerkenswert, da wir durch den noch nicht vollendeten Umbau unserer Wohnung gezwungen sind, in einer Baustelle zu feiern.

Zwei Tage vor dem Jahreswechsel erhalten wir die Benachrichtigung, daß nach einer gewissen Wartefrist, meiner erneuten Aufnahme in der Rehaklinik Goldberg

---

[79] Seit meinem 14. Lebensjahr.

nichts im Wege steht. So klingt das Jahr 1992, trotz einiger zusätzlicher unschöner Vorkommnisse, letztendlich noch versöhnlich aus.

Zwischenbilanz

Jetzt ist es mittlerweile schon wieder Mitte Januar und ich hatte mir eigentlich vorgenommen, zum Jahreswechsel einmal eine Zwischenbilanz zu ziehen. Nun denn, hier ist sie:

Gemeinhin geht es mir[80] recht gut. Bisweilen, wenn ich mich dazu überwinde, wieder einmal in einen Spiegel zu blicken, kann ich gar nicht glauben, daß ich jene Jammergestalt geworden bin, die ich darin sehe.

Hauptsächlich durch mein neues Hobby, den Computer, habe ich keinerlei Probleme mit Langeweile. Ganz im Gegenteil, meine Tage kommen mir gelegentlich noch viel zu kurz vor.

An meinem Zustand hat sich nichts Wesentliches verändert, nur gelingt es mir unterdessen, den linken Arm etwas müheloser beim Essen einzusetzen. Das ist zwar nichts weltbewegendes und mag einem Außenstehenden unter Umständen gar nicht erst auffallen, doch es bedeutet für mich persönlich – für mein arg ramponiertes Selbstwertgefühl – sehr viel. Außerdem ist klar ersichtlich, daß ich beim Schreiben am PC erheblich weniger verkrampfe als beispielsweise noch vor zwei Jahren. Damals – in der Klinik mußte man mir längere Zeit sogar ein zusammengerolltes Fell zwischen Körper

---

[80] Wenn man die Umstände bedenkt.

und Unterarm klemmen, da sich meine Hand sonst so verkrampfte, daß es für mich unmöglich wurde, den Sensor zu betätigen.

Die Spastik, insgesamt gesehen, ist allerdings an manchen Tagen sehr massiv geworden. Man merkt mir eben die kleinste Aufregung sofort an, und Wirbel gibt es bei uns wirklich reichlich.

Wund bin ich Gott sei Dank bis zum heutigen Tag nicht und auch sonst habe ich bislang keine zusätzlichen Gesundheitsprobleme.

Meine Stimmung ist meist recht positiv, lediglich dann und wann, wenn mir durch irgendein Ereignis meine absolute Hilflosigkeit so richtig bewußt gemacht wird oder sich wieder einmal zusätzliche Probleme ergeben, ändert sich das möglicherweise schlagartig. Insgesamt gesehen würde ich jedoch sagen, meine arg ramponierte Psyche erholt sich zusehends, depressive Phasen sind ziemlich selten geworden.

Ich mache mir keine großen Illusionen, soweit es meine Lebenserwartung betrifft. Beim besten Willen kann ich mir nicht vorstellen, daß ein derartig geschwächter Organismus besonders lange überleben kann. Wie hat es damals in Berlin ein Arzt Karin gegenüber formuliert: „Sein Fall ist vergleichbar mit einem hohen Querschnitt und diese Patienten leben erfahrungsgemäß nicht allzulange." Ich hoffe nur, daß mir noch ein paar Jahre verbleiben und daß mir in dieser Spanne keine zusätzlichen Dinge das Leben noch schwerer machen. Mit Hilfe meiner Frau werde ich versuchen, das Beste aus meiner Lage zu machen. Eines haben wir uns jedoch vollkommen abgewöhnt und zwar in irgendeiner Form über das *Morgen* nachzudenken.

Meine Erinnerung an den Lebensabschnitt vor dem

Pons-Infarkt entschwindet mit der Zeit zusehends aus meinem Gedächtnis. Man könnte es vielleicht vergleichen mit einem Morgennebel an einem warmen Herbsttag – er löst sich sehr schnell auf und nichts bleibt zurück.

Dabei ist es doch noch nicht einmal drei Jahre her, daß ich ein völlig normales Leben geführt habe. Konnte ich wirklich einmal ohne Schwierigkeiten reden mit wem ich gerade reden wollte, greifen wonach mir der Sinn stand, auf eigenen Beinen stehen und laufen wohin ich wollte? Dies alles ist für mich inzwischen bereits eher zum schönen Traum geworden. Meinen Körper empfinde ich nun – mal abgesehen vom Kopf und dem linken Arm – nur noch als lästiges Anhängsel.

Das Verhältnis zueinander, innerhalb der Familie hat sich, soweit ich das beurteilen kann, überhaupt nicht verändert. Bei unseren engeren Freunden kann ich eigentlich ebenfalls keine gravierende Veränderung feststellen. Bei vielen Bekannten habe ich allerdings das Gefühl, daß sie sich mit der Zeit immer mehr zurückziehen. Ja, wir sind mittlerweile zweifellos ein gehöriges Stück einsamer geworden. Das liegt natürlich auch ein wenig an uns und an den neuen Lebensumständen. Am Abend sind wir meist recht müde, Karin durch die viele Arbeit und ich wohl in der Hauptsache durch das spastikhemmende Medikament. Bisweilen ist auch der Gedanke neugierigen und mitleidigen Blicken ausgesetzt zu sein nicht besonders angenehm für mich. Es ist nicht besonders einfach, sozusagen öffentlich eingestehen zu müßen: Ich bin ein Verlierer.

Zum Ausgehen fehlt eigentlich immer das nötige Kleingeld und Spontanität ist kaum noch möglich, da ich in einem normalen Pkw nicht mehr mitfahren kann und wir somit immer auf den Behindertenfahrdienst angewiesen sind, was soviel bedeutet wie: Ohne Vorbestellung läuft nichts. Wir haben zwar einen Antrag auf Bewilligung eines Spezialpkw gestellt und hoffen insgeheim noch auf positiven Bescheid. Ich sage allerdings ausdrücklich noch, da sich die wirtschaftliche Lage mittlerweile drastisch verschlechtert hat, überall eingespart wird und sich somit die Chancen auf Bewilligung eines Spezialfahrzeugs minimiert haben.

Vieles ist auch unerreichbar für mich geworden. Ich möchte dies nicht allzusehr vertiefen, doch schon jemand zu besuchen, der in der ersten Etage eines Hauses ohne Fahrstuhl wohnt, ist ja nun völlig ausgeschlossen für mich. Der Betreffende könnte ebensogut auf einem anderen Stern beheimatet sein.

Noch eines – viele Straßen erwiesen sich künftig als nahezu unpassierbar für mich. Wenn es zu uneben wurde, mußte ich passen, dann war die Steuerung mit dem Kinn, durch die eingeschränkte Kopfkontrolle, unmöglich. Mein Kopf schwankte in so einem Fall durch das Holpern des Rollis wild hin und her. Das Einzige, was Karin dann noch tun konnte war: Auskuppeln und den schweren Rollstuhl schieben.

Damit will ich es aber erst einmal bewenden lassen und diesen Abschnitt beenden.

Danke

Bevor ich nun mit meinem Bericht fortfahre, möchte ich noch etwas ansprechen, das mir sehr am Herzen liegt.

Im Laufe der letzten Jahre hat man uns von allen Seiten sehr viel Unterstützung angedeien lassen. Es ist mir deshalb unmöglich, einzelne besonders hervorzuheben. Ich möchte es jedoch nicht versäumen, an dieser Stelle all den Helfern einmal pauschal herzlich zu danken. Ohne die Hilfe so vieler Verwandter, Freunde, Bekannter und bis dahin auch völlig Fremder, wäre ich wohl hoffnungslos verloren gewesen.

Etwas muß ich allerdings unbedingt noch extra herausstellen. Was die Familie und vor allen Dingen meine Ehefrau in dieser Zeit geleistet hat, ist immens. Niemals hatte ich das Gefühl, du bist alleine, stets war mir bewußt, heute abend kommt deine Frau und steht Dir zur Seite.

Ich bin fest davon überzeugt, ohne die selbstlose und stetige Unterstützung durch Karin, hätte ich die letzten, schlimmen Jahre nie und nimmer ohne seelischen Schaden überstanden. Mir war jedoch schon lange bewußt, daß ich mir, Zitat: *die beste Ehefrau von allen,* ausgesucht hatte.

Außerdem ist mir, während ich dies niederschrieb, aufgefallen, daß unsere Freunde und Bekannten sehr oft an den richtigen Positionen saßen, genau da, wo sie uns am effektivsten behilflich sein konnten.[81] Sicherlich kann man das auch als eine Art Gotteshilfe bezeichnen. Wir hatten und haben aber immer noch arge Schwierigkeiten, die grausame Wirklichkeit zu akzeptieren und machen in unserer Hilflosigkeit Gott dafür verantwortlich.

Themawechsel! Mitte Januar des Jahres 1993 waren endlich alle Umbauarbeiten abgeschlossen. Insgesamt gesehen hatten wir ein knappes Jahr in einer Baustelle

---

[81] Auf Anhieb fallen mir da vier Beispiele ein.

verbracht, doch es hat sich gelohnt. Nachdem mit der Hilfe von Familie und Freunden alles wieder auf seinem richtigen Platz steht, haben wir eine den Umständen angepaßte, recht gemütliche Wohnung bekommen. Es ist kaum zu beschreiben wie das ist, wenn man Dusche und Toilette nach so langer Zeit wieder beinahe uneingeschränkt nutzen kann.

Nun folgte eine verhältnismäßig ruhige Zeit, in der wir eigentlich ständig auf eine Benachrichtigung der Rehaklinik warteten. Karin war urlaubsreif, ich hatte es jedoch nicht sonderlich eilig. Ich fühlte mich in den eigenen vier Wänden sehr wohl und hoffte darauf, daß sich das Ganze noch ein wenig verzögern würde.

Was uns jedoch in jenen Monaten kolossal zu schaffen machte, waren immer häufiger werdende Auseinandersetzungen mit unserem Sohn Mathias. Bisweilen meinten wir, die Belastung nicht länger ertragen zu können. Sein Verhalten wurde uns immer fremder. Was war aus dem kleinen, aufgeweckten, immer etwas vorlauten Jungen geworden? Mit unserer Ältesten haben wir von jeher ein ausnehmend gutes Verhältnis, deshalb verstanden wir die Welt nicht mehr. Die Erziehung des Jungen hatte uns wesentlich mehr in Anspruch genommen und trotzdem anscheinend nichts gefruchtet. Allerdings hatte er – das muß auch einmal angesprochen werden – von Anfang an die schlechteren Karten. Es würde zu weit führen, hier im einzelnen darauf einzugehen. Nichtsdestoweniger stellt sich uns natürlich oft die Frage: Wo soll das noch hinführen?

Mitte April war er wieder etwas umgänglicher geworden. Eine neuerliche Dummheit hatte ihm anscheinend plötzlich klar gemacht, daß es so nicht mehr weitergehen konnte. Folgendes war vorgefallen:

Zu dritt[82] hatten sie sich einen schönen Abend in der elterlichen Wohnung des einen Jungen gemacht, der darin gipfelte, daß die Familienkarosse entwendet wurde. Damit unternahmen die drei hoffnungsvollen Sprößlinge eine ausgedehnte Spritztour. Eine Fahrerlaubnis besaß natürlich noch keiner der jungen Herren, und so kam es wie es kommen mußte, der Ausflug endete mit einem Unfall. Zum Glück ging alles noch einmal einigermaßen glimpflich ab, das heißt in diesem Fall, es kamen keine Menschen zu Schaden. Allerdings entstand bei der Geschichte ein nicht unerheblicher Sachschaden.[83]

An einem Samstagabend Anfang Juni hatten wir einen Gottesdienst für meine verstorbenen Eltern besucht. Anschließend wollten wir ursprünglich noch mit der Familie meines Bruders Artur in einer Straußwirtschaft einkehren und ein Gläschen Wein trinken, aber daraus wurde leider nichts und das kam so.

Es war zwar ziemlich voll in dem Lokal, doch gelang es Karin, die alleine vorausgegangen war, genügend freie Plätze für uns alle aufzutreiben. Da machten wir eine neue, ziemlich unschöne Erfahrung. Die Plätze waren – sobald ich in unmittelbarer Nähe des Tisches auftauchte – plötzlich wieder belegt. Ich möchte meine Empfindungen nicht im Detail wiedergeben, doch soviel sei gesagt, es hat mich arg getroffen.

Am 17. Juni 93 ist dann endlich die Mitteilung der

---

[82] Auch andere Eltern scheinen ihre Freude zu haben.
[83] Mathias kam auch dabei nochmal mit einem blauen Auge davon. Da er im Fahrzeug zum Unfallzeitpunkt nur Beifahrer war, wurde er später lediglich wegen Fahrens ohne Führerschein belangt.

Rehaklinik eingetroffen, daß ich am 23. des Monats aufgenommen werden sollte. Die Aufenthaltsdauer war erst einmal auf vier Wochen festgelegt. Ich ging davon aus, daß die Ärzte auf Sechs verlängern würden und hoffte darauf, daß sich diese Rehaaufenthalte in einem bestimmten Abstand wiederholen lassen würden. So müßte es doch möglich sein, im Laufe der Zeit meinen Zustand noch etwas zu verbessern. Nun denn, sehen wir mal.

Zweiter Rehaaufenthalt in Goldberg

Gegen Mittag trafen wir im Rehazentrum Goldberg ein. Karin im Pkw und meine Wenigkeit in einem Behindertenfahrzeug mit einem Teil meiner Utensilien. Helmut, mein Maskottchen war natürlich auch wieder im Gepäck. Meine Frau hatte mir den kleinen Plüschelefanten ganz am Anfang meines langen Klinikaufenthaltes eines Tages mitgebracht, und er war gewissermaßen zu meinem Wappentier geworden. Ich finde, er paßt auch sehr gut zu mir, er hat die selben großen, abstehenden Ohren wie ich.

Schon im Eingangsbereich traf ich auf die ersten Bekannten. Auch Herrmann, der Mann für alle Fälle aus der Pförtnerloge, wußte sofort, wer ich war.

Meine Begeisterung war vorerst groß, als ich erfuhr, daß ich wieder auf die gleiche Station kommen sollte. Doch diese Freude war schnell wieder verflogen, als ich bemerkte, daß die meisten Pflegekräfte, die ich von meinem ersten Aufenthalt her kannte, nicht mehr anwesend waren. Ich hatte insgeheim damit gerechnet, alle vertrauten Gesichter wieder anzutreffen.

Um zwei Uhr wollte mich die Stationsärztin untersuchen. Dazu wurde ich von einer Schwester und einem Helfer[84] ausgekleidet. Verstehen konnten mich beide so gut wie gar nicht, und als der Helfer mir mit seinen Fingern vor der Nase herum fuchtelte und mich lachend fragte, wieviele Finger das wohl wären[85], war es beinahe um meine Fassung geschehen. Ich dachte, ich falle in ein tiefes Loch.

Als der erste Schock überwunden war, hätte ich ihm natürlich gerne eine passende Antwort gegeben, doch das war mir ja leider nicht möglich, ich konnte mir diese nur denken. Daß jemand an meinem Geisteszustand zweifelte, war eine schlimme Erfahrung für mich.

Später ist mir das nochmals passiert, allerdings war das eher eine lustige Begebenheit. Eine Frau nahm an, ich hätte die Orientierung verloren, und versuchte, mich aus dem Aufzug zu zerren. Da ich mit dem Elektrorolli annähernd 200 Kilo auf die Waage bringe und sie nicht wußte, wie man das Gerät auf Handbetrieb umstellt, war das natürlich eine völlig aussichtslose Unternehmung. Schließlich kam ein Pfleger des Weges, der mich richtig einordnete und mit mir umzugehen wußte. Damit war die Angelegenheit im Nu bereinigt.

Doch nun zurück zum ersten Tag. Meine Frau räumte meine Sachen ein, reichte mir noch das Abendbrot und fuhr danach so gegen 18.30 Uhr Richtung Heimat davon.

---

[84] Glücklicherweise habe ich den jungen Mann später niemals wiedergesehen.

[85] Anscheinend nahm er an, mein Dachkämmerchen wäre nicht mehr komplett möbliert, und erwartete irgendeine belustigende Reaktion von mir.

In den ersten Tagen spielte sich erwartungsgemäß nicht allzuviel ab. Freitags hatte ich zwei Vorstellungstermine, in der physikalischen Abteilung und bei meinem Ergotherapeuten. Dann war schon das erste Wochenende da. Karin kam wieder einmal an allen zwei Tagen, um mich nicht völlig der Langeweile zu überlassen. Als ich am Sonntagnachmittag meine Therapiekarte erhielt, war ich etwas erstaunt, nur einen Termin, nämlich eine halbe Stunde Ergotherapie, darin zu finden, doch ich dachte, zunächst einmal abwarten.

Ab Mittwoch erhielt ich zwar noch vier mal pro Woche eine halbe Stunde Logopädie dazu, doch etwas mehr Behandlung durfte es meines Erachtens schon sein. Donnerstags redete ich deshalb mit dem Oberarzt darüber, daß ich außer Ergo- und Sprachtherapie keinen Termin vorweisen konnte, und ab Freitag kam prompt noch eine dreiviertel Stunde Krankengymnastik täglich für mich dazu.

Später bekam ich mit, daß ich wohl auch seinerzeit gerade in einem ungünstigen Moment ankam. Es war aus verschiedenen Gründen[86] unmöglich, mir noch einen zweiten, täglichen Gymnastiktermin zu verschaffen. Im Laufe der Zeit kamen allerdings noch zwei andere Heilbehandlungen dazu, so daß ich mich schließlich nicht mehr beklagen konnte.

Frau Becker, die mich während meines ersten Aufenthaltes in Goldberg sprachlich betreute, hatte überdies einen alten Vorschlag von mir wieder aufgegriffen und an Frau Erdmann, bei der ich diesesmal gelandet war, weitergegeben. Jeden Tag hing mir nun die Logopädin eine aktuelle Tageszeitung an eine Wand, so daß ich

---

[86] Krankheit, Urlaub, Auslastung.

mich problemlos während meiner Freizeit informieren konnte und keine Langeweile mehr verspürte. Mit der Zeit bemerkte ich auch, daß ich beileibe nicht der einzige blieb, der sich für die „Wandzeitung" interessierte.

Beim Stichwort Langeweile fällt mir gerade noch etwas ein. In der Anfangsphase meines zweiten Reha-aufenthaltes hatte ich, wie eben bereits angedeutet, viel freie Zeit. Meist stand ich dann mit meinem Stuhl vor dem Eingang der Klinik und hing meinen Gedanken nach. Unversehens überkam mich die alte Melancholie. Was war aus mir geworden? Was war übriggeblieben von all dem, was uns einmal wichtig erschien? Viele, ja fast alle Dinge, die mir das Leben bisher lebenswert gemacht hatten, blieben nun ein für allemal unerreichbar für mich. Wäre es nicht für alle Beteiligten das Beste gewesen, wenn ich seinerzeit in Berlin das Zeitliche gesegnet hätte? Wieder einmal wurde mir sonnenklar, daß hinter meiner Aktivität am Computer auch eine gehörige Portion Selbstschutz steckt.

Um nicht völlig vor Selbstmitleid zu zerfliesen, machte ich mich daran, meine Umwelt aufmerksam zu beobachten. Dabei fiel mir der sonderbare Blick vieler Mitpatienten auf. Eine Mischung aus Illussionslosigkeit, Langeweile und Trauer. Sofort hatte ich einen Namen für dieses Phänomen parat: *Rehablick!* Dabei war mir natürlich auch folgendes bewußt: Hätte man mir einen Spiegel vorgehalten, hätten mich daraus die gleichen traurigen Augen angesehen.

Am zweiten Wochenende hatte meine Frau auf der Autobahn einen Unfall. Ein Wohnwagengespann scherte plötzlich vor ihr aus und zwang sie so zu einer Vollbremsung, die im Gebüsch auf dem Mittelstreifen endete. Zum Glück kam sie mit einem Sachschaden davon, doch die Reparaturkosten beliefen sich immerhin auf knappe 5000 DM.

Als sie damals in mein Zimmer trat, meinte sie in einem Anflug von Galgenhumor: „Ich habe zwei Nachrichten für dich, eine Gute und eine Schlechte. Die Gute ist: Man kann an meinem Auto die kleine Schramme auf der Fahrerseite nicht mehr sehen. Nun die schlechte Nachricht: Ich hatte einen Autounfall."

Der schuldige Fahrer bekam offensichtlich überhaupt nicht mit, was sich hinter ihm abspielte, jedenfalls fuhr er unbeirrt weiter. Glücklicherweise gelang es Karin noch mit Hilfe eines anderen Autofahrers, der alles mitbekommen hatte, die komplette Wagennummer des Unfallverursachers zu ermitteln, und wir nahmen mit der entsprechenden Polizeidienststelle Kontakt auf, um weitere Schritte in die Wege zu leiten.[87]

Meine Therapeuten und die Pflegekräfte auf der Station waren fast alle wiederum sehr nett, einzig mit der Nachtschwester Frau Stein hatte ich meine ernsthaften Schwierigkeiten. Das war eine Geschichte für sich. Um diese zu erzählen, muß ich allerdings etwas weiter ausholen:

Als ich in Goldberg ankam, schien zumindest im Nachtdienst auf der A 3 noch alles beim Alten. Die beiden Nachtschwestern Anette und Silke waren mir noch vom letzten Aufenthalt wohlbekannt. Sie verstehen alle beide eine Menge von ihrem Beruf und ich mochte sie auch. Doch schon wenige Tage nachdem Schwester

---

[87] Mitte März 1994 erstattete uns die Haftpflicht des ermittelten Unfallverursachers nach langem hin und her endlich den uns entstandenen Schaden.

Silke turnusgemäß zum Nachtdienst erschienen war, wurde sie überraschend auf eine andere Station eingeteilt und durch Frau Stein ersetzt, eine kleine, etwas sonderbare Frau.

Es würde wohl zu weit führen, alles aufzuzählen, was ich in zweieinhalb Wochen mit ihr erlebte. Einige Dinge sind mir auch schlichtweg gesagt zu peinlich, um darüber zu reden, doch eine harmlose Episode muß ich unbedingt loswerden, sonst platze ich. Eines Abends kam sie wiedermal wie üblich zum lagern. Nur äußerst mühsam gelang es mir, lautes Gelächter zu unterdrücken, als ich bemerkte, daß sie in mein Bett gestiegen war, um mich mit dem Einstecklaken an den Bettrand zu hieven. Sie schien sogar zum Schluß ausgesprochen stolz auf ihre „gute Idee" zu sein, aber im Nachhinein kamen Frau Stein dann wohl doch einige Bedenken, denn sie hat dies nicht mehr wiederholt.

Naja – die Kollegen schienen auch nicht sonderlich viel von ihr zu halten. Jedenfalls wurde sie, kurz bevor meine sechs Wochen Rehabilitation beendet waren, abgelöst und vorübergehend von einem jungen Mann ersetzt, der sich mir mit den Worten vorstellte: „Guten Abend, ich bin die Nachtschwester Bruno." Mit ihm wäre ich gewiß gut ausgekommen, zumal er mich praktisch vom ersten Moment an[88] recht gut verstand.

Was mir allerdings diesesmal in der Rehaklinik ziemlich negativ aufgefallen ist, war der Umstand, daß hauptsächlich die Pflege völlig überlastet zu sein schien.

---

[88] Das war übrigens eine recht merkwürdige Angelegenheit, die ich niemals so richtig kapiert habe. Manche Menschen verstanden mich sofort recht gut, während andere Zeitgenossen überhaupt nicht mit mir zurechtkamen.

Das war noch ein Jahr zuvor wesentlich besser, wenn ich mich recht erinnere. Während meines ersten Aufenthaltes war die Frühschicht auf der A 3 in der Regel mit 4–5 Pflegekräften besetzt. Davon konnte diesesmal nicht mehr die Rede sein. Ich gewann den Eindruck, daß das Pflegepersonal zeitweise ganz gehörig unter Druck geriet.

Manchmal stand ich mit meinem Rolli in der Halle. Im letzten Jahr hatte ich noch an gleicher Stelle oft durch die Glaswände nach draußen gestarrt und gegrübelt, diesesmal schaute ich in die andere Richtung. Da fast alle Patienten auf dem Weg zu den verschiedenen Therapien die Eingangshalle passieren mußten, wurde die Halle für mich sozusagen zur Galerie der Schicksale. Dabei war mir natürlich zu jeder Zeit bewußt, daß ich selbst dazu gehörte, das hinderte mich jedoch nicht daran, aufmerksam die Menschen zu beobachten, die da an mir vorüber gingen, schlurften, humpelten, fuhren oder gefahren wurden. Hier nur eine bescheidene Auswahl:

Herr Hönig, Mitte dreißig, befand sich[89] seit einem guten halben Jahr in einer ähnlichen, allerdings ingesamt betrachtet doch erheblich schlimmeren Situation wie ich. Auch er war Tetraspastiker. Mit der Kommunikation hatte Herr H. noch entschieden mehr Schwierigkeiten als ich[90] und zusätzlich konnte er keinerlei feste Speise zu sich nehmen, sondern mußte durch eine Magensonde ernährt werden. Herr Hönig war, um das Maß vollzumachen, geschieden und lebte zum Zeitpunkt seiner

89 Ebenfalls durch einen Pons-Infarkt.
90 Soviel ich mitbekam, blieb ihm im Grunde genommen nur die Buchstabiertafel, die ich anfänglich ebenfalls benutzt habe.

Erkrankung mit seinem fünf Jahre alten Sohn alleine in einem Haushalt.

Frank, Anfang zwanzig, hatte Mitte des Jahres 1992 einen Motorradunfall, wie er mir erzählte und brach sich dabei einen Halswirbel. Seitdem war er querschnittgelähmt. Um den Hals trug er noch eine Manschette und das rechte Auge hatte man ihm zugeklebt, da er sonst alles doppelt sah. Den einen Daumen konnte er noch gebrauchen genau wie ich, und damit hatte es sich aber auch schon.

Man konnte beinahe alle Arten von Körperbehinderungen beobachten. Mehr oder weniger Gelähmte[91], Amputationen, M. S. Kranke, Blinde und Epileptiker. Natürlich gab es auch etliche, die zumindest aus meinem Blickwinkel, noch einmal mit einem blauen Auge davon gekommen waren, doch die Betroffenen selbst sahen dies oft ganz anders. Ein großer Teil von ihnen wurde allem Anschein nach nur sehr schwer mit den neuen Lebensbedingungen fertig.

Das ist wieder einmal ausgesprochen typisch für mich, daß ich mich derart äußern muß, dabei hatte ich ja selbst lange Zeit immense Schwierigkeiten, meinen Zustand zu akzeptieren.

Viele Mitpatienten, bei denen man äußerlich kaum eine Behinderung feststellen konnte, schleppten dafür ein beträchtliches geistiges Handicap mit sich herum. Vergeßlichkeit beispielsweise, die soweit ging, daß die Betroffenen eine Tätigkeit begannen und plötzlich nicht mehr wußten, was sie gerade tun wollten. Auch alle

---

[91] Meist sogenannte Hemis (Hemiplegie – halbseitige Lähmung).

möglichen Sprachstörungen waren unter den Rehapatienten ziemlich verbreitet.

Einmal erfuhr ich von einem Mann, nennen wir ihn der Einfachheit halber mal Herr XY. Er war nicht mehr in der Lage, die Begriffe den ensprechenden Dingen zuzuorden. Herr XY konnte also weder lesen, schreiben oder fernsehen, geschweige denn sich vernünftig unterhalten. Ich glaube, ich kann ganz gut nachvollziehen, wie er sich damals fühlte. Schließlich befand ich mich am Anfang meiner Erkrankung in einer ähnlich schlimmen Lage. Jeder der dies liest, möge einmal versuchen, sich in einen solchen Menschen hinein zu versetzen – nur 2 oder 3 Minuten.

Abschließend vielleicht noch folgende Anmerkung: Soviel mir bekannt wurde war die Prognose bei Herrn XY nicht sehr vorteilhaft.

Bei den Visiten tauchte mehrmals im Zusammenhang mit meiner Erkrankung der Begriff „Locked-in-Syndrom" auf. Neugierig erkundigte ich mich zu Hause nach seiner Bedeutung, in der Erwartung vielleicht irgend etwas neues über meinen Zustand zu erfahren. Soviel ich jedoch herausgefunden habe bedeutet es vereinfacht ausgedrückt lediglich: Völliger Ausfall der Motorik bei Erhaltung aller geistigen Fähigkeiten. Das war allerdings nichts neues für mich.

Eines schönen Morgens kündigte eine Schwester vielversprechend an: Später duschen wir! Dieses verlockende Angebot hat man mir im Lauf der Zeit mehrmals gemacht. Ich hätte es bestimmt auch mal gerne angenommen, doch leider erwies sich am Ende immer, daß ich der einzige war, der duschte. Auch in den Rollstuhl wollten „wir" ab und an schon gehen. Dies habe ich allerdings jedesmal umgehend abgelehnt, denn das wäre sicherlich auf die Dauer zu eng geworden.

Weniger lustig empfand ich allerdings folgendes: Wenn mich, was zu Hause mehrmals vorgekommen ist, ein wildfremder Zivi[92] plötzlich mit „du" anquatschte. Ich habe zwar grundsätzlich nichts gegen ein du einzuwenden, doch hatte ich das bisher stets Menschen vorbehalten, mit denen ich auf irgendeine Weise vertraut war. Das dieses vertraute „du" jetzt so ganz selbstverständlich von einem jungen Menschen, den ich noch nie zuvor gesehen hatte und der mir noch nicht einmal ins Gesicht sah[93], angewendet wurde, berührte mich unangenehm.

Eineinhalb Wochen bevor mein zweiter Aufenthalt in Gießen endete, besuchten mich ziemlich überraschend Lucy und Panos, die beide schon ziemlich lange nicht mehr in der Rehaklinik aushalfen. Lucy studierte inzwischen Medizin in Marburg, Panos hatte sein Studium unterbrochen und jobte im Frankfurter Raum. An meinem letzten Wochenende in Goldberg schauten die zwei nochmals kurz bei mir vorbei. Wir stehen auch brieflich miteinander in Verbindung. Es war schon ein tolles Gefühl für mich, als ich feststellen konnte: Es ist dir noch immer möglich neue Freunde zu gewinnen!

Dann war es auch schon wieder soweit. Die sechs Wochen Rehaaufenthalt waren zuende und der Tag der Rückreise rückte näher. Ich freute mich auf zu Hause. Die Rückfahrt sollte allerdings nochmal zu einem besonderen Erlebnis für mich werden.

Die Stationsleiterin hatte einen Taxibus für mich

[92] Vom Fahrdienst.
[93] Dies fiel mir übrigens häufig auf.

119

bestellt wie vor einem Jahr, allerdings war es diesesmal ein anderer Wagen. Ich kam mir im Inneren des Fahrzeugs vor, wie eine Ölsardine in der Dose. Wenn mein E-Stuhl nur um fünf Zentimeter länger gewesen wäre, hätte er sicherlich nicht mehr in das Auto gepaßt. Überdies mußte ich den Kopf ständig geneigt halten, da der Bus auch noch zu niedrig für mich war. Wieso denn das? Inzwischen hatte unser Sanitätshaus zwar den Rolli auf Anraten der Therapeuten umgebaut und dabei aus technischen Gründen um fünf Zentimeter höher setzen müssen, doch zu Hause hatte es bisher durch den Umbau kaum Probleme gegeben. Dazu kam zusätzlich, daß die Temperaturen an diesem Tag ganz schön nach oben kletterten und es dadurch mit der Zeit richtig gehend gemütlich für mich wurde.

Ein Sicherheitsgurt für mich, fällt mir gerade ein, war gar nicht im Wagen. Wahrscheinlich dachte man: Es wird so eng, da kann ohnehin nicht allzuviel passieren. Doch ich bin mir vollkommen sicher, bei einer Vollbremsung wäre ich durch die Windschutzscheibe gesegelt, da ich durch die Erkrankung jegliche Rumpfstabilität verloren habe.

Als der Fahrer dann am Ende gar die richtige Autobahnabfahrt verpaßte und dadurch gezwungen war einen kilometerweiten Umweg zu machen, brachte ich lediglich noch ein mühsames: Meine armen Nerven! heraus.

Naja, letztendlich sind wir doch noch mit heiler Haut in unserer Heimatstadt eingetroffen, was mich schon ein wenig verwunderte.

Bevor ich den Passus Krankenhausaufenthalte in diesem Bericht abschließe, möchte ich noch etwas ansprechen, was mir hauptsächlich in der Anfangsphase meiner Erkrankung verflixt schwer gefallen ist, nämlich Geduld zu üben. Von meiner Wesensart her war ich vorher eher ein ungeduldiger Mensch – auch mir selbst gegenüber – und plötzlich mußte ich mich an die Zeitabläufe einer Klinik[94] gewöhnen. Natürlich ist mir jederzeit klar gewesen, daß ich nicht der einzige Patient war, doch es ist beispielsweise verdammt schwer, geduldig zu sein, wenn einem der Allerwerteste vom langen Liegen brennt wie Feuer.

Familienzuwachs

Sehr schnell lief zu Hause alles wieder im gewohnten Rythmus ab. Lediglich der Ergotherapeut wollte nach Möglichkeit die Behandlung bei mir abbrechen, da durch einen Umzug seinerseits die Anfahrtstrecke für ihn zu weit geworden war. Da sich mittlerweile jedoch eine Kollegin von ihm in einer nahegelegenen Ortschaft niedergelassen hatte, die die Weiterbehandlung bei mir nahtlos fortführte, erwies sich dies als recht unproblematisch für uns.

Ende der ersten Woche im August reisten unsere drei Kinder ab in die verschiedensten Feriencamps. Karins Mutter, die im Obergeschoß wohnt, war ebenfalls ausgeflogen, so daß wir beide völlig alleine im Hause waren. Das war ganz zweifellos eine herrliche Zeit, doch allzulange hätten wir diese für uns ungewohnte Ruhe bestimmt nicht mehr ertragen, ohne bleibende Schäden davon zu tragen. Nun, wie es auch sei, die paar Tage gingen schnell vorüber und schon nach kurzer Zeit

---

[94] Sofort dauert erfahrungsgemäß circa eine Stunde, gleich entsprechend länger.

herrschte bei uns wieder das übliche „ganz normale Chaos".

Kurze Zeit, nachdem wir wieder komplett waren, gab es zunächst einmal einen Trauerfall in der Familie. Unser Haustier, ein Zwerghase namens Nicki, segnete nicht ganz unerwartet – er war etwa so alt wie Methusalem – das Zeitliche.

Da jedoch schon längere Zeit ein kleiner Hund bei uns im Gespräch war, trauerten wir nicht allzulange und meine Frau besuchte mit den Kindern am darauf folgenden Wochenende das städtische Tierheim, um sich einmal nach einem passenden Tier umzuschauen. Nicht ganz zwei Stunden später kamen sie mit einem wunderschönen Cockermischling zurück, den auf Anhieb alle ins Herz geschlossen hatten. Wir sollten ihn zunächst einmal einen Monat auf Probe behalten und uns dann endgültig entscheiden. Doch es war eigentlich schon von Anbeginn überhaupt keine Frage, wenn nicht noch irgend etwas sehr schwerwiegendes dazwischen kommen würde, waren die Würfel bereits am ersten Abend gefallen.

Sie werden sich vielleicht wundern, daß ich dies überhaupt erwähne, doch seltsamerweise brachte der kleine Hund unser Familienleben wieder einigermaßen in Ordnung. Mathias, der uns lange Zeit durch sein unmögliches Verhalten regelrecht provoziert hatte, wurde plötzlich zu einem relativ normalen Jugendlichen und auch Karin wurde merklich ausgeglichener. Zudem bereitete er uns fraglos allen sehr viel Vergnügen. Ich möchte nicht gerade behaupten, daß wir künftig keine Probleme mehr miteinander hatten, doch es hielt sich alles im Rahmen. Deshalb finde ich, daß „Tobi" einen Ehrenplatz in diesem Buch verdient hat.

Vielleicht sollte ich zwischendurch einmal schildern, wie ein normaler Tag bei uns abläuft. Karin hat mich darauf aufmerksam gemacht, daß ich das bisher versäumt habe. Nun denn, dann will ich das hiermit nachholen:

Montag bis Freitag kommt um 8.30 Uhr Pfleger Kevin[95] von der hiesigen Sozialstation der Caritas, um mich zu duschen und anzuziehen.[96] Anschließend verabreicht mir meine Frau das Frühstück. Danach ist Montags und Donnerstags Stehen im Stehbett angesagt. Circa 10.45 Uhr habe ich an diesen Tagen eine Stunde Krankengymnastik und so gegen zwölf sitze ich dann meist bis zum Abendbrot an meinem Computer.

Dienstags und Freitag kommt um 11.30 die Ergotherapeutin für eine halbe Stunde und Dienstagmittag fahren wir zur Logopädie nach Weidenbach.

Abgerundet wird mein Programm an Mittwochnachmittagen nochmals durch eine Stunde Gymnastik. Zusätzlich – beinahe hätte ich es übersehen – fahre ich ein bis zweimal die Woche mit meinem „Fahrrad", einem Gerät, daß mir die Beine mechanisch bewegt.

Karin muß die alltäglichen Dinge nun natürlich so ziemlich alleine erledigen, die Kinder helfen zwar ein wenig mit, doch die Kids wollen selbstverständlich – wer will es ihnen verübeln – ihr eigenes Leben leben.[97]

---

95 Er kommt inzwischen schon fast zwei Jahre zu uns, und wir verstehen uns prächtig.
96 Am Wochenende ist für diesen Part – na, wer wohl – Karin zuständig.
97 Wenn es drauf ankommt, sind sie allerdings „voll da". Was beispielsweise Claudia vor kurzem an einem Wochenende – Karin hatte eine fürchterliche Migräne – geleistet hat, konnte sich wahrlich sehen lassen.

Bisweilen, wenn meine Frau wieder einmal gezwungen ist bis spät abends in der Küche zu stehen, habe ich ein furchtbar schlechtes Gewissen. Gerne würde ich ihr etwas zur Hand gehen, doch ich muß mich wohl oder übel damit abfinden, zu nichts mehr nütze zu sein. Das einzige was ich noch tun kann, ist, gelegentlich eine Schreibarbeit zu übernehmen. Naja, genug davon, es ist eben so, wie es ist.

Anfang Oktober hatte ich Geburtstag. Diesen Tag werde ich wohl vorerst nicht vergessen, dabei war es bis etwa 20.00 Uhr ein ganz normaler Ehrentag. Mit einem Mal bemerkte ich jedoch, daß mit meinem Bauch etwas nicht in Ordnung war. Da unsere Gäste sowieso nicht mehr lange bleiben wollten, versuchte ich dummerweise mein Unwohlsein zu überspielen, was mir auch ganz gut gelang.

Als kurz nach 20.30 Uhr die letzten Besucher gegangen waren, hielt ich es fast nicht mehr aus. Meine Frau brachte mich umgehend mit dem Lift auf die Toilette, da ich annahm, mir auf diese Weise Erleichterung verschaffen zu können. Dies erwies sich allerdings als Irrtum. Ganz im Gegenteil, die scheußlichen Schmerzen nahmen ständig zu.

Die nun folgenden Minuten wurden zu den schlimmsten meines bisherigen Lebens. Bei jedem Atemzug verkrampften sich meine Bauchmuskeln, ich glaubte allen Ernstes mein letztes Stündlein sei nun gekommen. Karin rief den Notarzt. Verzweifelt versuchte ich ihr klarzumachen, daß sie mich aufs Bett legen sollte, da die fürchterlichen Qualen immer noch zunahmen. Dies war allerdings kaum zu realisieren, da ich mich nicht mehr verständlich machen konnte. Schließlich – nach einigen endlosen und unbeschreiblichen Minuten gelang es mir dennoch irgendwie. Karin bugsierte mich im Lifter zu meinem Lager und sobald ich mich darin ausgestreckt hatte, entlud sich eine gewaltige Blähung. Ganz allmählich ließen die teuflischen Schmerzen nach und mein Zustand normalisierte sich. So hatte sich diese äußerst unangenehme Sache letztendlich doch noch als harmlos erwiesen, der Arzt konnte abbestellt werden und kurz danach schlief ich völlig entkräftet ein. Gebe Gott, daß mir ähnliches künftig erspart bleibt.

Die Spastik, so scheint es mir manchmal, kommt in regelrechten Schüben über mich, zur Zeit ist es wieder einmal besonders schlimm. Das hat jetzt nichts mit dem üblichen sogenannten „Einschießen" der krankhaften Muskelanspannung bei Ärger, Aufregung, Lachen, Husten oder dergleichen mehr zu tun. An manchen Tagen bin einfach ohne einen Grund zu haben fürchterlich angespannt. Ich kann mir das nicht erklären, doch damit muß ich eben leben, ich wollte das nur einmal erwähnen.

Die folgenden Monate verliefen – für unsere Verhältnisse – recht harmonisch. Weihnachten und der Jahreswechsel wurden auf die bei uns übliche, familiäre Weise gefeiert.

Ende Januar 94 hatte ich dann wieder ein Erlebnis, über das ich einige Worte verlieren möchte.

Es war an einem Dienstag – kurz nach zwölf kam wie an diesem Wochentag üblich der Bus vom Behindertenfahrdienst, um mich nach Weidenbach zur Sprachtherapie zu befördern. Da meine Frau an jenem Tag diese kurze Zeit nutzen wollte, um nach dem Grab meiner Mutter zu sehen, begleitete sie mich nicht im selben Fahrzeug, sondern mit unserem Privat-Pkw.

Nachdem feststand, daß die beiden Zivildienstleistenden wußten, wo sie mich abliefern sollten, fuhr sie schon mal voraus. Dies war allerdings, wie sich einige Minuten später erwies, ein für mich ziemlich schmerzhafter Fehler. Die Zivis legten mir keinen Sicherheitsgurt um.[98] Was sollte ich tun? Eine reelle Chance, sie auf ihr Versäumnis aufmerksam zu machen besaß ich nicht[99], also fügte ich mich notgedrungen in mein Schicksal, es würde schon gut gehen. Schließlich war es ja auch nicht das erste Mal, daß ich mich in dieser Situation befand und bisher hatte ich die betreffenden Fahrten stets ohne größere Blessuren überstanden.

Bezeichnenderweise waren die Zwei bei sich selbst nicht so nachlässig, Beide waren bei Fahrtantritt vorschriftsmäßig angegurtet.

Vorerst ging noch alles glatt, – in Weidenbach jedoch geriet das Fahrzeug beim Überqueren eines Bahnüberganges unversehens stark ins Schlingern. Mein Oberkörper und damit natürlich auch der Kopf wurden wild hin und her geschleudert. Zum Schluß kollidierte Letztgenannter heftig mit dem Gehäuse der Mundsteuerung des Rollis. Es war als hätte mir jemand einen Holzhammer seitlich gegen die Rübe gehauen. Ein erstickter Aufschrei meinerseits – ich hörte minutenlang sozusagen die Englein im Himmel singen. Zwar hatte ich mich, als wir an unserem Ziel anlangten, wieder

---

[98] In meinem Fall ist Anschnallen auch deshalb besonders wichtig, da ich durch die Erkrankung über keinerlei Möglichkeit mehr verfüge, mich abzustützen. Beispielsweise hänge ich in einer Rechtskurve, die schnell durchfahren wird, im Rollstuhl wie eine Pik Sieben – wenn ich es einmal so salopp formulieren darf.

[99] Ein Hupkonzert meinerseits hätte in dieser Situation lediglich Verwirrung ausgelöst, da die zwei Hübschen sicherlich überhaupt nicht kapiert hätten, warum ich mich bemerkbar machte.

einigermaßen gefangen, doch an diesem Tag konnte man nicht mehr allzu viel mit mir anfangen.

Eine Woche später – wiederum sollte es nach Weidenbach zur Logopädie gehen – bedeutete ich Karin, sie möchte bitte diesesmal ausdrücklich auf das Angurten hinweisen, um ähnliches Mißgeschick zu vermeiden. Ziemlich konsterniert vernahm ich die Antwort des einen jungen Mannes – es war allerdings ein anderer als am Dienstag zuvor. Er sagte nämlich ganz entrüstet: Soweit sind wir doch noch gar nicht. Wir vergessen das jedoch niemals, nur keine Sorge! Naja, es mag ja vielleicht sein, daß ihm persönlich so ein Fehler noch nie unterlaufen war, doch ich brauchte nur an die Fahrt der Vorwoche mit seinen beiden Kollegen zu denken, um unmittelbar Angstzustände zu bekommen.

Eigentlich dachte ich, diese Sache wäre nun abgeschlossen, doch weit gefehlt, es kam noch besser. Wiederum 14 Tage danach hatte ich nämlich erneut eine Fahrt mit den beiden Erstgenannten. Mir schwante schon nichts Gutes, als ich ihrer ansichtig wurde.

Als mich die zwei ins Auto verfrachteten, wies meine Frau extra nochmals auf den unbedingt notwendigen Sicherheitsgurt hin, doch als sie im Begriff waren loszufahren, war ich natürlich prompt erneut ohne Gurt. Erst ein verzweifeltes Hupkonzert meinerseits machte sie auf ihr Versäumnis aufmerksam, meine Befürchtungen schienen sich zu bewahrheiten.

Die Hinfahrt nach Weidenbach sowie 99% der Rückfahrt verliefen jedoch ohne Zwischenfälle, so daß ich schon zu hoffen begann, daß dieses Mal alles glatt über die Bühne gehen würde. Doch ich hatte mich zu früh gefreut, als das Auto in unsere Straße einfuhr, vergaßen die beiden offensichtlich völlig, daß sie einen hilflosen Schwerbehinderten im Wagen hatten, fuhren relativ schnell über den Randstein an der Einmündung des Sträßleins und ich machte aufs Neue ausgesprochen heftig Bekanntschaft mit der Mundsteuerung meines Rollstuhls. Die Englein sangen für mich sozusagen die zweite Strophe.

Naja, ich will diese Angelegenheit nicht weiter breittreten, nur noch einen Satz um alles ins rechte Licht zu rücken. Ich bin in den 4 Jahren, seit meiner Erkrankung im April 1990 gewiß einige Male mit dem Behindertenfahrdienst gefahren worden, doch bisher war immer alles glatt gegangen, nie zuvor war mir ähnliches Mißgeschick widerfahren. Einmal kann ja so etwas durchaus mal vorkommen, doch zweimal unmittelbar hintereinander? Sei es wie es wolle, ich hoffe, ich sehe die zwei Herzblättchen niemals wieder.

Ausklang

Wir schreiben derweil den 22. März 1994, ganz allmählich wird es Frühling. Gerade eben kamen wir aus Weidenbach zurück. Begeistert habe ich unterwegs registriert, daß die Natur unaufhaltsam wieder zu neuem Leben erwacht. Ich habe diese Jahreszeit mit ihrem milden Klima, dem frischen Grün und der überwältigenden Blütenpracht schon immer sehr gemocht. Nun wird es sicher nicht mehr allzu lange dauern, bis die Tulpen in unserem Vorgarten in voller Schönheit erblühen. Ich freue mich darauf, wieder einmal mit einem spannenden Buch im Garten in der warmen Frühlingssonne zu sitzen.

Ich darf allerdings nicht anfangen, sehr intensiv über unser früheres Leben nachzudenken, sonst ist es ruck-zuck um meine Selbstbeherrschung geschehen. Noch wenige Jahre zuvor haben wir – gerade um diese Jahreszeit – gemeinsam die schönsten Fahrradausflüge unternommen. Außerdem hatten Karin und ich kurz vor der Katastrophe damit begonnen, uns im Frühjahr für eine Woche davonzustehlen, da wir uns das jetzt in mehrfacher Hinsicht langsam erlauben konnten. Nun ja was solls – vorbei ist eben vorbei.

Am 29. April haben wir wieder einmal Jahrestag. Nun ist es bereits vier Jahre her, daß es mich sozusagen voll erwischt hat. Ich denke jetzt einfach mal optimistisch, die schwierigste Phase meiner Erkrankung ist überwunden. Besonders die ersten beiden Jahre waren verflixt schwer zu überstehen. Daß ich heute soweit gekommen bin, die neuen Lebensumstände zu akzeptieren, verdanke ich der ausgezeichneten Versorgung durch Karin, der Unterstützung durch die Familie, einem intakten Freundeskreis sowie meinen verschiedenen Hobbys.

Die hundertprozentige Abhängigkeit von anderen Menschen war für mich sehr schwer zu akzeptieren. Deshalb – wo sich eine Möglichkeit ergibt, etwas alleine zu tun, nehme ich diese auch gerne wahr. Es fing damit an, daß ich in der Rehaklinik stets versucht habe, die verschiedenen Therapieräume selbstständig zu erreichen.

Etwas ohne fremde Hilfe zu verspeisen ist herrlich für mich, allerdings sind mir hierbei natürlich enge Grenzen gesetzt. Außerdem habe ich mir angewöhnt – mittels eines langen Trinkhalms – ganze Flaschen Mineralwasser, die man mir in die Armbeuge stellt, auf einmal zu leeren. So umgehe ich es, daß man mich ständig mit Getränken versorgen muß.

Mathias hat kürzlich einen Schalter gebaut, der es mir ermöglicht – im Falle eines Programmabsturzes – die Stromzufuhr am PC kurz zu unterbrechen und somit einen Neustart des Gerätes auszulösen.

Meine Perspektiven? Bald geht es wieder einmal ein paar Wochen in die Rehaklinik, vorher müssen wir allerdings noch unseren 25 jährigen Ehekrieg feiern. Wahrscheinlich werde ich eines Tages damit anfangen, eine Fortsetzung dieses Büchleins zu schreiben, um weiter festzuhalten, wie es mir ergeht. Zukunftsmusik sind momentan noch die Möglichkeiten, die die Dfü[100] für mich bietet. Vorher müssen jedoch noch einige Problemchen am PC beseitigt werden. Eventuell werde ich auch irgendwann einmal versuchen, eine Programmiersprache zu erlernen. Sie sehen also, an Zukunftsperspektiven mangelt es mir wahrlich nicht.

An dieser Stelle möchte ich noch eine kleine Anregung los werden. Anfänglich hatten wir unsere liebe Mühe, keinen der nötig gewordenen Anträge zu übersehen. Schwerbehindertenausweis, Befreiung von der Kfz-Steuer, Fahrgeldzuschuß, Hilfe zum Umbau der Wohnung, Rente und noch einiges mehr mußten beantragt werden. Ich war heilfroh, daß Karin über die nötige Cleverness verfügte, um mit diesen Dingen fertig zu werden. Man tauschte zwar auch gemachte Erfahrungen innerhalb der Station aus, trotzdem bin ich mir fast sicher, daß uns allen damals das Eine oder Andere entgangen ist.

Wäre es deshalb nicht sinnvoll, für die Angehörigen

---

[100] Datenfernübertragung.

von Langzeitpatienten ein Merkblatt zu erstellen, in dem alle bestehenden Möglichkeiten detailliert aufgelistet sind?

Mit dieser Frage möchte ich meinen Bericht so ganz allmählich ausklingen lassen. Als ich circa ein Jahr nach dem Insult in der neurologischen Intensivstation mit dem Niederschreiben meiner Krankengeschichte begann, hätte ich nicht für möglich gehalten, daß ich es jemals schaffen würde, dieses Projekt vernünftig abzuschließen, zumal mir das Schreiben anfänglich noch wesentlich schwerer fiel als heute. Nun, da ich es tatsächlich abgeschlossen habe, bin ich mir jedoch plötzlich nicht mehr so ganz im Klaren, ob ich mich darüber freuen soll.

Nun sei es wie es wolle, ich hoffe, es gelingt mir, mit diesem kleinen Büchlein Menschen, die sich in einer ähnlichen Lage befinden wie ich, ein wenig Mut zu machen. Trotz aller, mir im Laufe der letzten Jahre widerfahrenen Mißgeschicke ist für mich heute das Leben durchaus wieder lebenswert geworden. Auch in einer solchen, – scheinbar völlig aussichtslosen Situation gibt es noch einige Möglichkeiten und Wege, dem zähen Morast, bestehend aus Selbstmitleid, Mutlosigkeit, Enttäuschung und Langeweile zu entkommen.

Eindringlich möchte ich „normale" Mitmenschen davor warnen, bei einem schwer Körperbehinderten automatisch einen geistigen Defekt vorauszusetzen, wie ich es mehrmals selbst erleben mußte. Mitunter hatte ich auch schon mal den Eindruck, man wartet nur darauf, daß ich irgendeine Ungereimtheit von mir gebe. Es ist außerordentlich deprimierend für einen Menschen, wenn er feststellen muß, daß man – auf die eine oder andere Art – Zweifel an seiner geistigen Verfassung hegt. Besonders wenn ihm – wie in meinem Falle – keine Möglichkeit mehr verbleibt, sich verbal dagegen zur Wehr zu setzen.

Auf jeden Fall habe ich mich redlich darum bemüht, alles wahrheitsgetreu und so offen wie möglich darzustellen. Außerdem, ich sprach es eingangs schon einmal an, das Niederschreiben meiner Erlebnisse hat mir sehr viel geholfen[101] und auch – trotz meines schweren Handicaps[102] – großen Spaß gemacht.

---

[101] Besonders im ersten Jahr, indem ich gelegentlich befürchtete, der schrecklichen Realität nicht mehr gewachsen zu sein und dem Wahnsinn zu verfallen. Man könnte sagen, ich habe mir damals gewissermaßen den Frust von der Seele geschrieben.

[102] Immerhin habe ich ja – auf Grund meiner stark eingeschränkten Möglichkeiten – alles in allem fast drei Jahre an der Herstellung meines kleinen Buches gearbeitet.